L'Anthologie ontologique

Annexes

© 2018 LES ÉDITIONS DE L'ŒIL DU SPHINX
© L'ASSOCIATION LES PORTES DE THÉLÈME
ISBN : 979-10-91506-93-9
EAN : 9791091506939
Dépôt Légal : décembre 2018

Jean-Charles Pichon

L'Anthologie ontologique

Annexes

Éditions Édite/ODS

À PROPOS
DE L'ANTHOLOGIE ONTOLOGIQUE
ET DE SES ANNEXES

L'écriture de *L'Anthologie ontologique* (1974) se situe une décennie après la publication de *L'Homme et les Dieux* (1965), mais on peut supposer qu'elle débuta vers la fin des années soixante (Pichon avait une cinquantaine d'années); et une décennie avant *Le Petit métaphysicien illustré* (1985).

Il s'agit d'un livre charnière entre l'histoire des mythes, l'éternel retour, la recherche d'une machine métaphysique et la *machine de l'éternité*.

Ce livre fut écrit quand Jean-Charles eut quitté Paris tout juste après avoir écrit le *Dieu du futur* et *Celui qui naît*, publié chez Planète pendant son passage dans la Nièvre, puis à l'Estréchure, traversant une période de terrible dénuement, d'insoutenable misère. Il s'interroge alors sur la réalité des « dieux », avec un sentiment poignant d'avoir été abandonné.

Du cycle à la révélation

C'est ainsi qu'il va passer de l'étude des cycles et des mythes à la quête de la place de l'être dans l'univers, confronté aux *émergences*, « *Peu importe que vous préfériez appeler ces mythes des* Dieux ; *Platon les nommait* Idées, *Leibniz les appelait* Monades, *Carl Gustav Jung les baptisa* Archétypes… *certains les nomment* Structures. *Peu importe l'étiquette que vous choisirez dès l'instant où vous montrerez à quel point ces entités sont présentes et actives. Pour cela, il vous faudra relire les grands livres, ceux qui ont survécu précisément parce qu'ils véhiculent les grands mythes.* »[1]

L'anthologie que présente Jean-Charles, qui retrace également une bouleversante biographie, rassemble les pensées d'auteurs depuis plus de deux mille ans, dont nous avons, hélas ! oublié les noms de la plupart d'entre eux ; mais comme toute anthologie, celle-ci n'est pas définitive. Chacun pourra y ajouter sa propre révélation.

Ces auteurs, de Platon à Heidegger nous ont parlé de l'être, de l'être en soi, au-delà de sa consistance purement matérielle (temporelle), de ce mystère justement qui relie l'être à l'au-delà, l'*Être-là*, le *dasein* de Heidegger « *Qu'est-ce que l'Être ? Ce n'est ni Dieu, ni le fondement du monde. L'Être est ce qu'il y a de plus proche.* »[2]

L'ontologie justement englobe ce qu'il y a de plus proche avec ce qui se trouve *à perte de vue*. C'est en effet une impossible équation, nous dit Jean-Charles, dont la finalité est de rassembler les entités constitutives de l'Être, le 2 (de la dialectique, des deux flèches du temps), le 3 (les trois entités de la métaphysique), le 4 (les cardinaux, les saisons et les quatre éléments), avec les 12 *émergences*, l'« immatière », que l'on

---

1. Lettre à Jean-Paul Debenat (environ 1980).
2. Martin Heidegger, *Être et Temps*, 1927.

pourrait nommer le rien dans le sens de l'expression de Leibnitz (« *Pourquoi quelque chose plutôt que rien ?* »), le rien n'étant pas un néant, mais un trou noir, une bouche béante qui absorbe ou régurgite les particules lumineuses, qui préfigure un passage vers l'éternité. Les combinaisons qu'offrent ces émergences sont en effet infinies, comme celles des lettres de l'alphabet, des 7 notes de musiques ou des 9 premiers nombres, ou bien encore les deux tracés de la géométrie, la ligne et la courbe. Elles sont infinies parce que chaque émergence en contient d'autres qui en contiennent également d'autres parmi les douze.

La machine de l'éternité

La matière qui se dissout et l'immuable infini fusionnent de façon mystérieuse ; c'est bien vers cette jonction que Jean-Charles Pichon engage sa quête : « *Par-delà l'immuable et le changeant et les cycles divers, du jour et de la nuit ou des périodes glaciaires, nous sommes tous ensemble, à jamais réunis en un être en soi que l'homme a nommé Dieu*[3]. »

Cette alliance entre la matière et l'« immatière », entre l'Être et rien ou *Être et Temps* (illustrée dans la *Bible* par le combat de Jacob avec l'ange *innommé*[4]), crée-t-elle ce que l'on

---

3. Page 563.
4. *Lutte de Jacob avec l'ange*, Livre de la Genèse, chapitre 32, 23-32. « *Et Jacob resta seul. Quelqu'un lutta avec lui jusqu'au lever de l'aurore. Voyant qu'il ne le maîtrisait pas, il le frappa à l'emboîture de la hanche, et la hanche de Jacob se démit pendant qu'il luttait avec lui. Il dit : Lâche-moi, car l'aurore est levée, mais Jacob répondit : Je ne te lâcherai pas, que tu ne m'aies béni. Il lui demanda : Quel est ton nom ? — Jacob, répondit-il. Il reprit : On ne t'appellera plus Jacob, mais Israël, car tu as été fort contre Dieu et contre tous les hommes et tu l'as emporté. Jacob fit cette demande : Révèle-moi ton nom, je te prie, mais il répondit : Et pourquoi me demandes-tu mon nom ? et, là même, il le bénit. Jacob donna à cet endroit le nom de Penuel, car, dit-il, j'ai vu Dieu face à face et j'ai eu la vie sauve. Au lever du soleil, il avait passé Penuel et il boitait de la hanche.* »

nomme la vie ? Et peut-on la reproduire par un nouveau langage, une simple équation dont il suffira de dire qu'elle est belle, comme Paul Dirac le dira de l'équation qu'il venait de découvrir prédisant l'existence de l'antiparticule et de l'antimatière. [5]

La complexité de ces émergences qui rythment les cycles des mythes, que les hommes tentent de nommer ou d'illustrer, fait qu'aucun cycle n'est parfaitement identique à un autre, et qu'aucune horloge, serait-elle liée au temps atomique proche du temps solaire, ne serait précise à la seconde près, la fameuse seconde intercalaire. Cette seconde hors du temps n'est-elle pas la trace du passage entre le visible et l'invisible, le souffle (*L'Aleph*[6] à la fois *en soi* et *hors soi*), la faille dans le tangible : « *Il faut qu'à chaque étape pénétrante, une faille s'ouvre en ce qui est.* »[7]

Qu'est-ce qu'une seconde ? nous dira-t-on. Qu'est-ce que l'éternité ? répondra-t-on. Cette impossibilité matérielle de décompter un temps absolu, se retrouve dans la nécessité de devoir toujours rattraper rationnellement l'erreur (l'année bissextile) ou d'accepter que les jours et les nuits ne se combinent pas de la même façon quand il s'agit de rythmer l'été ou l'hiver.

L'annexe

De la même façon Jean-Charles Pichon, en progressant dans son étude, découvre dans différentes civilisations d'autres cycles proposées par d'autres philosophes, prophètes,

---

5. Paul Dirac était convaincu que son équation était juste parce que, disait-il, elle était belle : « il est plus important d'avoir de belles équations que de leur demander d'être en accord avec l'expérience », 1928.
6. Jorge-Luis Borgès.
7. Page 581.

métaphysiciens, astronomes, mystiques, physiciens ou «ontologues», peu importe leurs noms, qu'il s'agisse des Sumériens, des Mayas, des Grecs, des Égyptiens, des kabbalistes, etc. Ces émergences n'obéissent pas aux règles qui imposent des limites, puisque surgissant de l'éternité, de l'infini, elles ne peuvent en avoir. Comme Pi, nous ne pourrons que nous approcher au plus près possible d'un temps circulaire. Car pour Jean-Charles le temps est immobile, comme la mer où les vagues sont provoquées par des ondes, sans qu'elle-même ne bouge.

Ces différences que Jean-Charles Pichon définit comme «un degré de liberté» le conduisent à proposer une annexe dans laquelle il catalogue des cycles appartenant à plusieurs civilisations. Ces cycles offrent effectivement des différences dans la durée, mais pas dans leurs structures ni leurs influences: nous y retrouvons les archétypes, qu'ils soient Poissons, Vierge, Serpent, Gémeaux, Balance, Taureau, etc., animés par les mêmes concepts métaphysiques, les mêmes *idées*. Cette mise en perspective lui permit sans doute de se libérer du poids de *L'Homme et les dieux*.

L'ontologie, telle que nous la présente Jean-Charles Pichon, est bien une science à part entière, dont la genèse remonte à Pythagore et qui n'a cessé de tourmenter les quêteurs à la recherche des clés révélant le mystère de la vie, ainsi que le contenant et le contenu de l'Être.

Une science, donc, toujours d'actualité, mouvante selon les rythmes et les dérives de l'inconscient collectif, aujourd'hui appliquées à la physique quantique; mais qui se heurte toujours au mur de l'impossible équation: comment réunir le *quelque chose* et le *rien*? Unir les bruits avec le silence?

L'éditeur

HISTOIRE DES DIEUX

Des deux constantes 12 et 2160 se déduit une configuration générale du palimpseste divin, telle que 12 périodes de 2160 ans y figurent toujours la Grande Année de 25920 ans, quel qu'en soit le point 0.

Mais, selon que j'y considérerai l'évolution – ou l'involution – d'une émergence ou de plusieurs, de 2 à 6, j'obtiendrai dans ce palimpseste unique des palindromes différents.

Le palindrome à deux émergences est le plus simple. Il ne permet que 2 combinaisons : la mort-la vie ou bien l'inverse. Il s'ensuit que les 12 émergences se trouvent partagées en deux groupes seulement : les dieux vivants et les dieux morts.

$25920/2 = 12960$.

Si je considère dans cette figure les 12 périodes du palimpseste, je dirai que 6 d'entre elles sont le séjour des dieux morts et les 6 autres le séjour des dieux vivants.

Si j'y considère un seul dieu, Dieu, je dirai que cette émergence est vivante pendant 12960 ans et morte 12960 ans. Ou bien qu'elle traverse dans sa renaissance 6 ères de 2 160 ans et dans son entropie les 6 autres ères.

Je nomme cette figure : le palindrome au 1°.

Le 2ᵉ

Le palindrome à trois émergences permet 6 combinaisons.

Soit : le passé, le présent et l'avenir,
je peux considérer le passé comme une cause et l'avenir comme un effet, dans le sens de l'entropie ; j'aurai la suite :
la cause, l'instant, l'effet.

Mais je peux aussi considérer que l'événement à venir précède l'événement passé ; j'aurai alors la suite :
le probable, la présence, l'advenu.

Ou bien, si je ne conçois que trois divinités, comme le Vrai (l'Akh ou le Père), le Bien (le Bâ ou le Fils), le Beau (le Ka ou l'Esprit). Je pourrai formuler la suite :
Ka – Akh – Bâ, comme les Anciens Égyptiens, Père – Fils – Esprit, comme les chrétiens, etc.

Dans le premier cas, j'ai renversé la suite : A, B, C en C, B, A ; dans le deuxième cas, j'ai renversé la suite : C, A, B en A, B, C.

D'autres suites, telles que A, C, B ou B, A, C ou B, C, A ne sont pas inimaginables, comme je l'ai montré par les trois positions du « Temps roulé »[1] ; mais ces six combinaisons seront les seules possibles.

Si la Grande Année contient Dieu, elle contient nécessairement sa trinité : 25 920 / 3 = 8 640, mais elle contient aussi toutes les combinaisons que permet La Trinité : 6.

25 920 / 6 = 4 320.

---

1. Voir le «tapis roulé» dans Anthologie ontologique p. 296.

De toute période donnée de 4 320 ans, je dirai donc qu'elle contient l'une des combinaisons possibles du palindrome au 2°.

Mais je considérerai la Grande Année elle-même comme partagée par les trois phases de 8 640 ans et nommerai la phase centrale le Cœur du palindrome.

Si j'ai choisi une émergence parmi les 12 comme Dieu, je dirai que pendant 8 640 ans elle s'est approchée de ce Cœur et qu'elle s'en éloigne dans la troisième phase de 8 640 ans.

La synthèse des deux degrés fait apparaître dans la *mort* du dieu, de 12 960 ans, une période précessionnelle de 8 640 ans et une mort au palindrome de 4 320 ans ;
dans la *vie* du dieu, une vie au palindrome de 4 320 ans et une période concessionnelle ou entropique de 8 640 ans.

Le 3^e

Le palindrome à quatre émergences permet 24 combinaisons.

Ce seront par exemple les 24 heures de la journée ou les 12 mois dédoublés des Celtes ; ou bien les 24 syncrétismes qui dédoublent les 12 émergences selon que je vois en chacune d'elles le dieu élémental (de Terre, d'Eau, de Feu, d'Air) ou le dieu personnel (de la 1re, de le 2e ou de la 3e personne).

Le même raisonnement que précédemment démontre que la Grande Année contient nécessairement les quatre émergences : $25\,920/4 = 6\,480$, et qu'elle contient aussi les 24 combinaisons : $25\,920/24 = 1\,080$.

Toute période donnée de 1 080 ans contient donc l'une des combinaisons possibles du palindrome au 3°. Historiquement : l'un des 24 syncrétismes.

Traitant d'une émergence particulière comme Dieu, je

traiterai cependant plus particulièrement de la phase de 6 480 ans où il se manifeste en tant que Dieu et doit échapper d'abord à toutes les formes d'entropie.

Ce ne peut être en sa vie entropique.

Ce sera donc dans la seconde partie de la *mort* de 12 960 ans que je situerai les 6 480 ans de sa « formation métaphorique ».

La synthèse des trois degrés fait apparaître une figure déjà complexe de la Grande Année du dieu, telle que :
a. la vie de 12 960 ans comporte une phase palindromique de 4 320 ans et 8 640 ans de dégénérescence ou d'entropie en même temps que six phases significatives de 1 080 ans,
b. La mort de 12 960 ans comporte une phase d'éparpillement de 6 480 ans et une phase de formation de 6 480 ans (dont 4 320 ans palindromique).

Le 4^e

Le palindrome à cinq émergences permet 120 combinaisons. Je ne les décrirai pas ici. C'est assez que dire que chacune des 12 émergences peut être considérée comme l'un des cinq composants de n'importe quel dieu. Dans l'optique zodiacale, par exemple, les cinq composants de l'*Ichthus* sont les deux autres figures du Trismégiste dans l'Élément et les trois autres figures du Bien dans la 2e Personne : Basis et Sophia d'une part, la Vierge, Éros et les deux Témoins de l'autre.

En notre temps, les cinq composants du *Liber* sont les deux autres figures républicaines (l'Égalité et la Fraternité) et les trois autres figures de l'Esprit : le Verbe Intérieur, le Souverain et le Créateur.

Or, dans l'ensemble du palimpseste, chacun de ces composants peut emprunter la voie de l'un des 24 syncrétismes précédemment définis. Par exemple, le dieu de l'Arche, composant du dieu de Justice n'est pas le même Archer qu'Horus ou l'Ahpu lanceur des Mayas, composant du dieu gémellique ou que «Celui qui m'envoie», Éros. Horus et Éros sont des dieux du Bien ou du Bâ; le dieu de l'Arche est, comme Arès, un dieu de Feu, dans l'Élément. Il suit que leurs alliés ne peuvent être les mêmes : le Souverain et le Justicier ici, la Vierge, les Gémeaux et Osiris (ou le Christ) là.

Contenant toujours les cinq composants du dieu, la Grande Année contient aussi les 120 combinaisons possibles dans le palindrome au 4e.

25 920 / 5 = 5 184.

25 920 / 120 = 216.

Pendant plusieurs semaines, je n'ai su que faire de ces nombres, qui me semblaient contredire les nombres précédents. Il en était de même pour les deux partages de la Grande Année au 5e :

25 920 / 6 = 4 320 et 25 920 / 720 = 36

dont l'un reproduit seulement l'un des partages au 2e et l'autre n'offre pas un sens évident.

Les dieux comme des horloges

Il me paraissait que présenter les émergences dans leurs histoires respectives revenait à étaler sur une table douze montres dont chacune indiquerait une heure différente. Cet étalage ne contiendrait pas le Temps, il ne l'indiquerait même pas, bien que le Temps tout entier s'y exposât pourtant, puisque il n'existe que les douze heures.

On ne pourrait que préciser ce Temps par l'étalage des soixante montres qui indiqueraient les minutes, des soixante montres qui indiqueraient les secondes, etc., sans oublier les deux cadrans solaires dont l'un figurerait le jour et l'autre la nuit. Mais aussi longtemps que les montres ne marcheraient pas, nous ne saurions pas *l'heure*.

Au contraire, si elle marche, une seule horloge suffit.

Je quittai alors les cinq degrés pour en revenir au grand problème de l'ésotérisme universel : l'incubation (ou la formulation) d'un dieu, sa corruption (ou son entropie).

J'essayai de comprendre comment la *période* d'une émergence pouvait être à la fois de 8 640 ans, de 6 480 ans, de 5 184 ans et de 4 320 ans, et je fis de nombreux graphiques qui me servirent par la suite.

Cependant, mon objet n'était pas de comprendre ; il était de contenir toute l'histoire des dieux – et donc de l'humanité – dans une grille unique, si complexe qu'elle soit. On ne comprend pas l'Histoire : on peut que la constater.

Tout calcul fait, le problème demeure : quelle origine donner à mon calcul ? Puisque JE ne saisit pas l'Être, la question devient : quelle origine donner au dieu dont l'Humanité a fait Dieu ? Mais tous les dieux ont été l'Être à un moment donné de l'Histoire. Certains pendant 36 années (l'Ordre fasciste ou la Vierge Laodiké 2 160 ans plus tôt) ; d'autres pendant 216 ans, comme les Nin ou Sérapis, d'autres ont duré le millénaire comme Romulus et Rémus, les Frères romains, et d'autres plusieurs millénaires comme les Gémeaux mayas, indiens ou grecs, le dieu Taureau, Jéhovah, le Christ.

Mais il n'est pas aisé de dater à l'année près l'éveil du dieu des 36 ans, au cycle solaire près l'éveil du dieu des 216 ans, et aux deux siècles près l'Éveil du dieu précessionnel. Ainsi n'est-ce pas le même point 0, peut-être, qu'il convient de prendre pour la fin des 6 480 ans, pour le début des 4 320 ans, pour le Cœur des 8 640 ans et pour un point quelconque des 5 184 ans. Je me suis toujours expliqué ainsi les grandes différences constatées entre les chronologies divines des Perses et des Indiens, des Égyptiens, des Grecs et des *Saga*, entre autres : ils n'opèrent pas au même degré d'observation alors même qu'ils traitent d'un même dieu, comme, par exemple, le dieu solaire.

Heureusement, les « morts » et les « sommeils » des dieux sont unanimement constatés. Ils ont servi de base à mes premiers tableaux.

Les tableaux

Ils concernent :

1. La *vie* du dieu solaire ou léonin,

2. le rythme général de la *vie* d'un dieu quelconque,

3. l'application historique aux *vies* des dieux kratophaniques, gémelliques et créateurs,

4. le détail des 4320 ans du dieu vivant en sa dialectique, sur l'exemple du dieu de Feu et de Sagesse, le Justicier : Iahvé, Agni,

5. le détail des étapes suivantes de la vie du dieu, pour les dieux créateurs, gémelliques et kratophaniques,

6. le *palindrome* du dieu, sur 8640 ans. Exemples choisis : le Poisson et l'Esprit Libre,

7. la *mort* des dieux : la Mère, l'Archer, le Verbe, le Souffle, la Vierge et le dieu solaire,

8. le détail de l'Éveil du dieu pour le Poisson et pour le Libre Esprit,

9. l'application de ces rythmes à la *situation* mythique en notre époque.

1. La vie du dieu solaire

Je ne l'ai pas déduite directement de la formule. On verra clairement pourquoi. Sans parler de mes propres travaux et de mes échecs renouvelés, il se trouve que la *vie* du dieu solaire est l'une des plus constamment étudiée dans les textes dont nous disposons (les *Avesta*, les *Veda*, les *Saga*, *Manéthon*, l'*Apocalypse*, etc.).

Or, ces textes présentent des différences si grandes, qu'elles nous cachent leurs similitudes. Les *Saga* nordiques ne sont pas datées : elles racontent les grands faits mythiques hors de toute chronologie. Les *Avesta* et les *Veda* donnent 12 000 ans seulement de *vie* au dieu, mais en des décomptes différents.

Les *Avesta* le partage en quatre périodes de 3 000 ans chacune, depuis -11 000 avant le Christ, quelque 10 000 ans avant l'époque où Zoroastre écrit :

le *temps* du dieu hors de l'Histoire sur 3 000 ans (de -11 000 à -8 000),

3 000 ans de dialectique (Ormuzd-Ahriman), de -8 000 à -5 000,

3 000 ans de renouveau de la Lumière, de -5 000 à -2 000,

3 000 ans de dégénérescence, partagés en trois périodes de 1 000 ans chacune : du renouveau d'Ormuzd à Zoroastre, de Zoroastre au Messie, du Messie à la « mort » du dieu.

Le simple fait que *Ahriman* nomme, tout à la fois le Serpent, son incarnation préférée, et la contradiction dialectique suffit à démontrer l'incertitude mythique de Zoroastre.

Les *Veda* et, plus tard, les *Upanichad* et les premiers écrits bouddhistes (*Bhagavad-Gîta*) partagent les 12 000 ans en quatre périodes, de durées décroissantes : 4 800 ans, 3 600 ans, 2 400 ans, 1 200 ans, inventant le rythme 4, 3, 2, 1, dont on connait la longue survivance ésotérique.

Au contraire, Manéthon, dans son histoire mythologique de l'ancienne Égypte, et le pseudo-Jean dans l'*Apocalypse*, donnent quelque 13 000 ans de *vie* au dieu. Manéthon ne précise pas le décompte des 13 000 ans car il en fait la vie des dieux *manes* ou dieux du Souffle, antérieurement à la première dynastie (Manès), au IVe millénaire avant J.-C.

L'*Apocalypse* donne un décompte fondé sur les deux nombres : 1 260 ans ou « jours », d'incubation, de parvis ouvert, de dégénérescence, de « couronnes » (solaires) et de « têtes » (du Serpent) et 1 000 ans de « royaume » ou de « queue ». Ce décompte peut être comparé à ceux des *Avesta* et des *yuga* indiens.

Avesta (sur 12 000)	Veda (sur 12 000)	Apocalypse (sur 13 240)
-11 000	-11 000	-11 000
	L'Éveil	1 260 de *désert*
	-10 600	-9740
-8000	KRITA	Le Royaume
		-8740
		Le parvis ouvert
	-6600	-7480
	Le crépuscule	L'exil
	-6200	-6220
-5000	L'aurore	La 4e couronne
	-5900	
	TRETA	-4960
		La 5e couronne
		-3700
	-2900	La 6e couronne
	Le crépuscule	
	-2600	
	L'aurore	
	-2400	-2440
	DVAPARA	La 7e couronne
-2000		-1180
		La 8e couronne
	-400	
	Le crépuscule	
	-200	
	L'aurore	+ 80
	-100	
	KRITA	
		La 9° couronne
	+ 900	
	L'agonie	
	+ 1 000	+ 1 340
Total : 12 000 ans	12 000 ans	(+ 1 000 ans, la dernière *couronne* ou la *queue* du Serpent) +2 340

On comprend assez bien que de telles différences dans les plus célèbres décomptes mythiques donnent à rire aux incrédules. Dans cette comparaison, pourtant, d'importantes similitudes sautent aux yeux : entre les *Veda* et l'*Apocalypse* : -6 200 et -6 220 ; entre les *Avesta* et l'*Apocalypse*, -5 000 et -4 960 ; entre les trois systèmes : -11 000 ; -2 000, -2 400 et -2 440 ; entre les *Avesta* et les *Veda*, + 1 000.

Prenant ces quatre groupes de concordances pour fondement, je ne retins pas le premier et le dernier, approximatifs et symboliques, ni le rapprochement (-6 200 et -6 220), ces datations appartenant à la légende. Le groupe -2 400 / -2 440 (peu différent dans l'*Avesta* : -2 000) m'intéressait dans la mesure où cette date était déjà de l'Histoire : la fondation d'Héliopolis, la Cité de Ra, le dieu-soleil, vers -2 560 / -2 520.

Il s'ensuivait que l'Éveil du dieu solaire devait être reculé d'une centaine d'années (-11 100) et que les concordances « évidentes » devaient être datées de -6 300 plus ou moins et de -2 540 / -2 500, puis de -300 / -20, puis de 1 000 / 1 340, etc.

Je ne saurais dire comment j'y puis parvenu. Le poème *Dieu* de Hugo m'y aida peut-être, ou les contradictions entre Hegel et Marx, ou les « saisons » d'Alain, les « périodes » de Renan, les « époques » de Hegel ; sinon les « périodes » de Comte et les 500 ans de Spengler. Tout sert, parmi les rares « trouvailles » de l'érudit à la fois honnête et intelligent.

C'est cependant à partir de ces calculs erronés des *Avesta*, des *Veda* et de l'*Apocalypse* que j'ai constitué mon système propre (il n'est pas moins défiguré par mon vice propre ou, plus scientifiquement, par l'accélération mentale que mon vice permet, car il est lui-même, mon vice, sans cesse accru, plus manifeste dans le mois que dans l'année, dans le jour que dans le mois, dans l'heure que dans le jour). De sorte qu'il convient à l'Esprit de le battre de vitesse, par une accélération accrue du courage, du travail (ou de l'œuvre), de la volonté, etc.

Ma force est de saisir, sensuellement, ce combat entre le Vice et la théorie d'une part, l'Histoire et l'entêtement de l'autre. Il s'ensuit que cette force est ma faiblesse : elle ne m'a laissé le choix, longtemps qu'entre les quatre formes de l'entropie. Puis, je l'ai reconnue pour ce qu'elle était : je n'ai plus fait la différence entre la « constante » et le « degré de liberté », la certitude et l'erreur.

Admettant, une à une, les données de l'Histoire à mesure que je m'acceptais plus humblement pour ce que je suis, je reconstruisis, par touches successives et remises en question, le tableau détaillé de l'entropie d'un dieu d'abord, puis de tous les dieux.

Achevé, le Tableau d'abord me parut contredire les approches antérieures, tirées de l'ésotérisme classique ou de mes propres lois. Mais c'était illusion encore, comme je le compris par la suite.

2. Le tableau général de l'entropie d'un dieu

Le dieu solaire		Les périodes
-11 100		
	le Merok ou le Krita	4 320 ans
-6 780		
	le sommeil ou la nuit	432
-6 348		
	le Trêta	3 240
-3 108		
	la 2e absence de Ra	324
-2 784		
	le Dvapara	2 160
-624		
	la 3e absence : les Républiques	216
-408		
	le Kâli	1 080
+672		
	la 4e absence : le roi *fait néant*	108
+780		
	La dernière « couronne » dans l'éparpillement	1 080
w+1 860		

Détail de l'éparpillement

780 / 816 / 1 140 / 1 176	360 + 36
1 176 / 1 203 / 1 446 / 1 473	270 + 27
1 473 / 1 491 / 1 653 / 1 671	180 + 18
1 671 / 1 680 / 1 761 / 1 770	90 + 9
1 770 / 1 860 l'anéantissement	90

Détail de l'anéantissement

1 770 / 1 802 / 1 806	32 + 4
1 806 / 1 830 / 1 833	24 + 3
1 833 / 1 849 / 1 851	16 + 2
1 851 / 1 859 / 1 860	8 + 1

Pour la centième fois peut-être, je tentai d'appliquer un « tableau général »[2] à l'étude systématique de toutes les émergences.

[3. l'application historique aux vies des dieux kratophaniques, gémelliques et créateurs.]

Les premières applications

Sur la base de l'Éveil du dieu solaire en -11 100, la constante 2 160 nous livre, dans le palimpseste, la succession :

• éveil du dieu kratophanique en – 8940,

• éveil des dieux gémelliques en – 6780,

• éveil du dieu taurique en – 4620,

et, pour les tranches d'entropie déjà *vécues* :

1	2	2	
-8 940	-6 780	-4 620	
Le NSH	Ahpus, Açvins, Jumo Amphion / Zetos, Abel / Caïn	Mardouk, Apis, Kamoutef, Kamoutef	Krita
-4 620	-2 460	-300	
			le 1er sommeil
-4 188	-2 028	+132	
Toth, Hermaï, la Sagesse	Rama, Dioscures, Remus / Romulus ; les Témoins	Içvara, Civa, le Créateur	Trêta
-948	+1 212	+3 372	
			le 2e sommeil
-624	+1 536	etc.	
Noûs, Hermès, le Savoir, Sophia			Dvapara
+1 536	+3 696		

---

2. Les titres entre crochets ont été ajoutés par la rédaction.

le 3e sommeil

+1752   etc.

La science   Kali
+2832
Etc.

Ces tableaux sont, à ce jour, la seule formulation précise des différentes étapes de la *vie* des trois émergences; et la seule qui tienne compte des grandes énigmes mythologiques de l'Histoire, telles que l'attente de la renaissance du Double ou de la résurrection du dieu ambigu entre -2400 et -2000; l'annonce de la mort du Taureau (Apis, le Taureau d'Irlande, Mardouk/Bêl) entre -300 et +100; l'exil des Deux Témoins ou la disparition de la Colombe, du début du XIIIe siècle au début du XVIe siècle (Joachim de Flore, Catherine de Sienne, Wycliffe, les Carmes, etc.). L'absence du Savoir est de même précisément datée, depuis l'achèvement de la scolastique jusqu'au *renouveau* de l'Encyclopédie.

[4. le détail des 4320 ans du dieu vivant en sa dialectique, sur l'exemple du dieu de Feu et de Sagesse, le Justicier : Iahvé, Agni.]
Le Krita

4320 ans était apparemment le seul nombre qui me restait, de tous mes calculs antérieurs: la *période* déduite des 6 combinaisons issues de 3 émergences: le 1/6 de la Grande Année, où s'instaure en effet l'une des trois personnes de la Trinité (Trimurti, Trikaya, etc.). Si l'on prend Jéhovah/IAV pour la 1re Personne, le Fils est la seconde, l'Esprit Saint la troisième: Brahma, Vichnou, Civa différemment.

Selon tous les critères ésotériques, le Krita (ou le Merok) n'est pas un temps de dégradation *en soi*, bien qu'il le soit en fin de compte, dans le dernier tiers, sinon un peu plus tôt (7/4) selon les rythmes du «chapeau de Gauss» ou de la parabole asymétrique.

De ces applications simplistes de mon formulaire antérieur, mais surtout de l'Histoire, mieux connue depuis trois mille ans, je devais déduire – et, à la fois, induire – le *détail* des 4320 ans. Ce fut en deux tableaux qui décrivaient le double *Krita* du Justicier (du dieu d'Abraham à Jehovah ou de Brahma à Agni) et de l'Amant

(Bouddah ou Jésus). Le Bélier et le Poisson, selon tous leurs symboles… et selon l'astrologie antique.

Or, fondés sur cette parabole asymétrique que les *formules* me donnaient pour assurée (comme dans le rythme 1 + 1 + 2 + 3 dans la progression, 4 dans la dégression), ni les tableaux du Bélier et du Poisson, ni celui du Taureau, que j'étudiai plus tard, ne se trouvèrent confirmés par la Tradition et l'Histoire.

Au contraire dans le rythme contraire (4, 3, 2, 1, 1) qui inversait la parabole asymétrique, toutes les dates de mes tableaux se trouvèrent vérifiées non seulement par l'évolution des croyances mais par les grands événements de l'Histoire.

La dégression suit alors au 1/3, sur 4320 ans, le même rythme que la vie du dieu sur 12960 ans.

Le Créateur	Le Justicier	L'Incarné	
-4620	-2460	-500	
des 1ers Taureaux, du Bélier de Phryxos, des Épiphane à la fin de Sumer, à David, aux 1ers bûchers chrétiens			1440 ans
-3180	-1020	-1140	
la séparation : Ourouk/Our, Israël/Juda, Byzance/Rome			144 ans
-3036	- 876	1284	
les premières réactions et leur échec			1080 ans
-1956	+204	+2364	
la disparition des cités religieuses, etc.			188 ans
-1848	312		
la survie mystique dans l'exil			720 ans
-1128	1032		
échec de la rénovation : Nabuchodonosor 1er, Halevy, etc.			72 ans
-1056	1104		
l'ésotérisme chaldéen ou juif et les persécutions			360 ans
-696	1464		
la fin du Krita			36 ans
-660	1500		

L'éparpillement sur 330 ans
    -660/-330   1500/1830
Les renouveaux de Mardouk à Babylone (-660/-550)
ou de Iahveh à Safed et à Byzance (1500/1610)
puis les faux Messies (Mardochée, Zewei (-550/-470)
ou (1610/1700)) et leur échec.

L'anéantissement sur 30 ans
    -330/-300   1830/1860
Rénovés rationnellement, par Aristote et Alexandre
(le Créateur) et par les Encyclopédistes et Napoléon
(le Justicier), ces dieux ne survivront plus
que dans l'imposture rationaliste pendant 432 ans :
    -300/+132   1860/2292

Le renouveau des cités tauriques (Ourouk, Our, Lagash) ou de l'état d'Israël n'est qu'un des signes de cette imposture. La déchéance croissante de l'esprit de création en Séleucie, en Macédoine, à Rome, ou de l'esprit de justice dans les États contemporains en est le signe véritable. L'annonce de la mort du Taureau ou de la fin du Minotaure, à partir de -156 (Andriscos), et la recréation du panthéon d'Auguste, qui exclut le Taureau (-12) marquent les grandes étapes, au 1/3, de ce Sommeil ou de cette Petite Mort.

Elles donnent, par analogie, les dates : 2004 et 2148 pour la prise de conscience future de la petite mort ou du sommeil de la Justice.

Il est aisé de ramener les rythmes du 5e aux rythmes du 2e puisqu'ils se fondent tous deux sur les mêmes nombres : 8640 et 4320, 4320 et 36. Deux suites s'ordonnent d'elles-mêmes, au 1/2 : 8640, 4320, 2160, 1080, 540, 270, 135 et 36, 72, 144, la différence entre 144 et 135 révélant à la fois le degré de liberté minimum entre les deux rythmes et la constante qui leur est commune.

Mais il n'est pas plus difficile de ramener les rythmes du 4e aux rythmes du 3e :
au 4e : 5184 = 4 x 1296,
au 3e : 6480 = 5 x 1296.

Selon les premiers rythmes, la Grande Année pourra être figurée comme suit :
135 + 135 + 270 + 540 + 1080 + 2160 = 4320 + 8640 + 4320 + 2160

+ 1 080 + 540 + 270 + 135 + 135 autour du palindrome central.

Selon les seconds rythmes, elle sera figurée comme suit :
1 296 + 2 592 + 3 888 + 5 184 = 12 960 ans, et l'inverse,
ou : 6 480 + 6 480 (= 12 960) + 6 480 + 6 480.

Il semble beaucoup plus compliqué d'obtenir une synthèse satisfaisante entre les deux figures. Le lien existe pourtant : le nombre 2 160.

En effet, la première suite peut s'écrire :
2 160 ans dans le rassemblement + 2 160 + (2 x 2 160) + (4 x 2 160) etc. et la seconde : 3 x 2 160 (quatre fois). Et c'est-à-dire que dans le palimpseste (12 x 2 160) tous les systèmes palindromiques se fondent.

Les autres « constantes » : 36, 216, 1 080 offrent la même utilité de liaison. En effet, 1 080 + 216 = 1 296, nombre base du 4e, etc.

Il n'est pas impossible dès lors de changer la suite :
1 296 (1 + 2 + 3 + 4)
en 216 x 6 (1 + 2 + 5 + 4)
et le nombre 216 en : 36 x 6.

Mais, d'autre part, 2 160 = 2 x 1 080 et 1 080 = 30 x 36.

Nous pouvons donc donner à la même suite l'aspect :
36 x 30 (1 + 1 + 2 + 4 + 4)
ou 36 x 36 (1 + 2 + 3 + 4), indifféremment.

La formule, trouvée par hasard, du tableau général de l'entropie :
36 x 30 (1 + 1,1 + 2,2 + 3,3 + 4,4) semble une synthèse satisfaisante ici, mais elle ne donne une clé que pour la *vie* du dieu. À condition d'admettre, dès l'origine, le degré de liberté entre les deux systèmes : 6 x 36 = 216 ans.

Non seulement ce degré de liberté apparait vérifié par l'Histoire (à 36 ans près), mais il révèle, à l'intérieur du Trêta, du Dvapara et du Kâli des « aurores » et des « crépuscules » que les *Veda* mêmes n'avaient su calculer que très approximativement et que nul calcul logique d'ailleurs ne permettrait de retrouver.

Ce sont ainsi les périodes les plus confuses de l'histoire des religions et des ésotérismes qui se trouvent éclairées brusquement.

J'en fais porter la démonstration sur la vie entropique du dieu solaire, mais en donnerai ensuite diverses applications.

Je signale tout de suite cependant que, si l'Éveil du dieu

d'Amour (et d'Eau) se situe 216 ans avant la date précédemment retenue (-300), nous retrouvons la date-clé du bouddhisme, du confucianisme, de la reconstruction du Temple et du messianisme hermétique : -516. 2160 ans plus tard, le 1er messianisme de la Liberté ne se situe pas en 1860, le point 0 des dieux, mais en 1644 : le renouveau des mythes de Fraternité en même temps que du *Sol* de Campanella et des nouvelles monarchies.

Ces mêmes dates constituent, à moins ou plus 36 ans près, les points 0 de l'humanité, où la démographie mondiale est la plus faible en même temps que l'entrée effective dans le Temps sans dieu (le *Lokoyata* indien).

216 ans plus tôt, en -732 ou + 1428, nous trouvons, au contraire, le premier pressentiment conscient du dieu futur : le Poisson de Jonas, de Tobie, d'Arion considéré comme « sauveur » ou « guérisseur » en même temps que fils de la Vierge ou envoyé par l'Archer ou l'Arbre de la Renaissance considéré comme Esprit Libre en même temps que fils du Roi (le Prince) ou lié à sa Racine-race. Véritable naissance de l'Amour, par la renaissance du *dialogue*, à l'heure où Israël disparaît ; ou de la Liberté, par le renouveau de la *création*, à l'heure ou disparait Byzance.

[5. Le détail des étapes suivantes de la vie du dieu, pour les dieux créateurs, gémelliques et kratophaniques.]
Le tableau général complété par les rythmes du 4e.
La vie du dieu solaire

1	2
	-11532
-11100	
4320 ans de Krita	5184 ans ou 4 x 1296 ans
-6780	
452 ans de « nuit »	
-6348	-6348
3240 ans de Trêta	3888 anso u 5 x 1296 ans
dont 648 ans de déclin	dont 1296 ans de chaos
de -3756 à -3108	-3756 à -2460
324 ans de nuit	
-2784	

2 160 ans de Dvapara	
dont 324 ans de réveil	-2460
controversé	2 592 ans ou 2 x 1 296 ans
et 540 ans de déclin	autour de -1 164
de -1 164 à -624	
216 ans de nuit	
-408	
1 080 ans de Kâli	
dont 540 ans d'éveil,	+132
de -408 à + 132	
et 540 ans crépusculaire	1 296 ans d'éparpillement,
de 132	dont 648 ans de 132 à 780,
à +672	432 ans de 780 à 1212,
108 ans de nuit	216 ans
780	de 1212 à 1428
1 080 ans d'éparpillement	108 ans + 108 émiettés
ou de « queue », dont 216 ans	1644
d'émiettement de 1428	216 ans de « degré de liberté »
à 1644	*hors-vie* et donc métaphoriques
1 860	1 860

Le découpage du Kâli et de sa « nuit » (1 188 ans) en 590 ans d'éveil et 648 ans de crépuscule et de nuit, et celui du Dvapara et de sa nuit (2 376 ans) en 324 ans d'éveil et 756 ans de crépuscule et de nuit, pour 1 296 ans d'éclat permettent de partager le Trêta et sa nuit (3 564 ans) en 108 ans d'éveil et 972 ans de crépuscule et de nuit, mais cela demeure une hypothèse, que l'Histoire ne confirme pas en ce qui concerne l'éveil : 216 ans semblerait un nombre plus conforme. D'une manière ou de l'autre, le partage donne 2 592 ans + 1 080 ans de crépuscule et de nuit.

Nous allons le confirmer tout de suite par les deux Trêta du Semblable et de la Création.

Le Trêta

Il s'est situé, en ce qui concerne les Gémeaux, 4 320 ans après le Trêta solaire et, en ce qui concerne les dieux de Création, 2 160 ans plus tard.

<table>
<tr><td>1. le Trêta gémellique</td><td>2. le Trêta de la Création</td></tr>
<tr><td>-2028</td><td>+132</td></tr>
</table>

1296 ans de progression (dont l'éveil, de 108 ans selon certains prophètes ou prêtres)

<table>
<tr><td>-1920</td><td>240</td></tr>
</table>

de 216 ans, selon les autres et en suivant l'Histoire : le renouveau du Double (l'Osiris à la double plume ou le premier Civa)

<table>
<tr><td>-1812</td><td>348</td></tr>
</table>

progression du dieu dans les 1080 ans suivants

<table>
<tr><td>-752</td><td>1428</td></tr>
</table>

(à plus ou moins 36 ans, Romulus et Rémus ou Civa constitué ; la renaissance grecque ou islamique ; le dialogue et la création) 1296 ans palindromiques, où le dieu trêtique, d'abord vaincu, est finalement porté par le dieu nouveau. Dans le rythme – encore indémontré : 648 ans de combat et de défaite :

<table>
<tr><td>-84</td><td>2076</td></tr>
</table>

et 648 ans de regain et de transformation, comme des Jumeaux aux Deux Jean

<table>
<tr><td>564…</td><td></td></tr>
</table>

1296 ans de dégression, dont 324 ans de corruption (le culte des Images)

<table>
<tr><td>888</td><td></td></tr>
</table>

et 972 ans d'ombre ou d'incertitude eux-mêmes partagés en 324 ans de crépuscule

<table>
<tr><td>1212</td><td></td></tr>
</table>

324 ans de « nuit »

<table>
<tr><td>1536</td><td></td></tr>
</table>

et 324 ans de chaos et de conflit pour s'arracher à la notion ancienne du dieu, chrétienne ici

<table>
<tr><td>1860</td><td></td></tr>
</table>

Mais le Trêta proprement dit s'est achevé en 1212 : ni la « nuit » ni la nostalgie qui suivent n'en font partie.

À l'exception de la période (-732 / +564) les Frères divins n'ont jamais été honorés comme dieux, sous l'un de leurs noms nouveaux (Dioscures, Gémeaux romains, Deux Témoins ou Deux Frères), et le Créateur, sous les noms de Civa, de Souverain Créateur ou de quelque Nzamé, ne le sera donc qu'en sa période palindromique, de 1428 à 2724 plus ou moins.

Le Dvapara

Il peut être étudié, historiquement, dans le détail, en ce qui concerne le Dvapara solaire et le Dvapara kratophanique. L'avenir du Dvapara gémellique peut en être déduit.

1. Le Dvapara solaire	2. kratophanique	3. gémellique
-2784	-624	+1536

324 ans de réveil controversé autour des thèmes défendus par:

Ourouk et Our	les Éléates	les fraternalistes
-2676	-516	1644
Le renouveau de Ra	Du Nous ou du Tao	des 2 Témoins
-2568	-408	1752
Héliopolis	Aristote	l'Encyclopédie
-2460	-300	1860

1296 ans d'éclat (palindromiques et impliquant le renversement de l'ancien dieu personnalisé en un dieu élémental)

-1164	996	...

540 ans de déclin et d'arrachement au dieu élémental

-624	1536

216 ans de nuit: la fin du Souverain divin ou de la scolastique: les derniers rois deviennent kratophaniques (ils fondent des «empires» éphémères); les derniers sages s'ouvrent à l'Observation et se livrent au Semblable. Tels les Spartiates ou les Turcs.

-408	1752

Nos premiers tableaux arrêtent là le Dvapara, le 4° prolonge les 1296 ans d'éparpillement et de chaos jusqu'en

+132	2292

mais ce chaos est déjà de la période Kali.

Les 1296 ans de palindrome ne nécessitent aucun commentaire particulier. Du Râ d'Héliopolis ou du Shamash des Chaldéens au Souverain des Hébreux ou au Chamash des Hérétiques (de -2460 à -1164) l'histoire est parfaitement connue; celle, aussi, de l'évolution de l'Hermès grec à l'Hermès ismaélien, par Sophia, de -300 à 996.

Les 540 ans qui suivent sont plus diversifiés, car ils contiennent un certain nombre de renouveaux, de moins en moins durables: pour le dieu hiérarchique, la période des Rois (-1056/-948) suivie de l'hérésie de Salomon (le retour au Créateur) et des schismes des reines (Jézabel, Athalie, les prêtresses de Tanis, Sémiramis, etc.), du messianisme d'Amour et des Gémeaux enfin, à partir de -732. Pour le dieu kratophanique : la période scolastique, réaliste et théologique (de +1104 à +1212), puis dominicaine, aristotélicienne et simplement nominative, suivie de l'anéantissement des « sorciers et sorcières », les suppôts de Satan, des « premiers savants », de la fin des Empires et du messianisme de la Renaissance enfin, à partir de 1428.

Tous ces « détails » comportent d'autres palindromes, internes aux premiers, sur lesquels il faudra revenir, dans l'étude du 5ᵉ.

La « nuit » solaire, de -624 à -408 ou la nuit kratophanique, de 1536 à 1752 n'offrent un mystère pour personne. Non seulement elles sont vérifiées par l'Histoire (la fin de la royauté à Rome, à Sparte, en Judée ou la fin et le supplice parfois des derniers atomistes (Bruno)) mais elles sont proclamées, à partir de -516 et 1644, par le choix d'un dieu différent : le retour à la Vierge d'Éleusis, Athéna ou Isis, le retour au Droit divin ou à *Sol*, etc.

Le Kâli

Sur le modèle du Kâli solaire ou du Kâli de la Vierge, 2160 ans plus tôt, on peut prévoir de même sans grand risque d'erreur les orientations futures du Kâli que nous vivons (kratophanique ou du Savoir) :

1. La Vierge	2. le Souverain	3. la Science
-2568	-408	+1752

540 ans d'éveil et de progression :

La Vierge à la balance	Le Roi vierge	Le Savant étatisé
Puis justicièrePuis « sauveur » Puis « libérateur »		
-2028	+132	+2292

540 ans de dégradation : le Justicier rejette la Vierge ; le Sauveur rejette le Roi ; le Libérateur refuse le Savant

Les Vierges folles	ou le *Sol* fou	etc.
(Quetta, Médée)	+ 672	
-1488		

+ 108 ans de « nuit » : la mort des Vierges ou le roi fait néant

-1 380	+780

+1 080 ans d'éparpillement

-300	+1 860

Mais, selon le partage au 4ᵉ, la dernière phase de 1 296 ans (et donc l'éparpillement du dieu) a commencé dès -2 028 ou 132, au moment où le dieu nouveau a proscrit le moribond, Abraham ridiculisé la Vierge (en Sarah, présentée comme sa sœur) ou Jésus renié le Premier, car la Justice se rit de la Préservation et l'Amour de la Hiérarchie.

Le décompte est alors :

-2 028	+132	2 292

648 ans de « maintien » achevés par la nuit de 108 ans

-1 380	780	2 940

432 ans de « sursaut » achevés par une « nuit » de 72 ans

-948	1 212	3 372

216 ans, dont une « nuit » de 36 ans

-732	1 428	3 588

et le « degré de liberté » de 216 + 216 = 432 ans reconstitue, à la fin comme au début des 12 960 ans, un palindrome *douteux*, comme de :

108 ans (dont 18 ans de « nuit »)

-624	1 536…

108 ans d'éparpillement

-516	1 644

108 ans de rassemblement : la Vierge d'Éleusis ou le Roi Soleil

-408	1 752

108 ans de survie inimaginable, dans le Mort déjà.

-300	1 860

Cette complexité rend compte suffisamment de l'abondance des sectes vouées aux Vierges mortes (Leto, Laodiké, Cybèle, Isis ou Perséphone) à partir du messianisme de l'Amour (-732) ou vouées au Roi disparu, celte, persan ou islamique, indien et africain entre autres depuis le messianisme de la Liberté (1 428 plus ou moins 36). C'est autant le dieu mort qu'on pleure et le dieu renaissant qu'on espère, du *vivant* même du dieu : le Roy est mort, vive le Roy !

Dans les 1 296 ans qui suivent -732 et 1 428, de même, le dieu mort ne cesse d'être pleuré dans la mémoire des hommes, jusqu'à ce que le dieu naissant l'annexe et « renouvelle son grand cycle » selon l'expression de Virgile ou selon l'attente des *Israq* musulmans, des Persans, des Celtes, des Indiens civaïtes, sikhs ou krishnaïtes : dès -300/-192 ou 1860/1968, nous avons vu Laodiké adorée par Antiochos III ou le dieu solaire par Hitler, Andromède, Cybèle honorées par la Macédoine, Pergame, Rome ou le mythe fasciste par la France, l'Italie, l'Amérique du Nord.

L'avenir du dieu solaire, dans sa mort, nous est annoncé par celui de Marie, Maïa, Maria, Maya ou Morrigane dans Jésus ou Hermès, le Bouddha, Cuchulain, etc.

Le Krita

Devant cette mort-vie, de nouveau, l'esprit de recherche hésite. Il prend conscience de la formidable énigme ; il renonce à l'espoir non pas de la résoudre mais de l'éclairer seulement par le calcul et par les nombres.

Car le problème que posent la « dernière couronne » ou « la queue du Serpent », dans le langage de l'*Apocalypse*, ou Perséphone morte et toujours renaissante dans le langage des Grecs est un petit problème auprès de celui que pose le « palindrome central » des 8 640 ans.

En effet, le *Krita* du dieu (de 4 320 ans) ne peut être étudié hors de ce palindrome, où l'accomplissement entropique du dieu n'est autre que le début de sa destruction, car le vivant commence de mourir au berceau, mais c'est au cœur de l'hiver – ou au cœur de la nuit – que le nouveau Soleil a vaincu les Ténèbres, ou se les est annexées. Minuit est le début de la Lumière ; Midi le commencement de sa fin.

Les nombres que j'ai tirés des *lois* le confirment avec évidence.
Les dates retenues pour le dieu solaire :

-11 552, début des 5 184 ans, 432 ans d'Éveil,

-11 100, début des 4 320 ans, 4 320 ans,

-6 780, fin des 4 320 ans, 432 ans de nuit,

-6 348, fin des 5 184 ans,

ne sont pas les seules que nous connaissons, dans le cadre général de la Grande Année : les 4 320 ans nous viennent des 2e et 5e ; les 5 184 ans du 4e. Reste le nombre du 3e : 6 480.

L'une des quatre « saisons » de 6 480 ans est celle de la *formation continue* du dieu, hors de ses formulations religieuses ou étatiques. Mais nous en ignorons le commencement et la fin.

Il est cependant certain que les 432 ans d'Éveil font partie de cette formation et, donc, que la fin des 6 480 ans ne correspond pas avec le début des 5 184 ans.

Puis, la figure palindromique des 8 640 ans exige un doublement de cet Éveil autour du point 0. S'il y a naissance du dieu sur 432 ans, il faut bien, dans la symétrie palindromique, qu'il y ait dégénérescence contraire de 0 à 432, cette dégénérescence étant d'ailleurs une formation dans l'entropie, puisque cette naissance (ou cette *conception*) a été reçue par l'humanité comme une « fin » de la mystique, du messianisme, de l'Éveil.

Si de -432 à 0, nous sommes allés de l'Attente à la négation des dieux, il faut que de 0 à 432 nous allions de ce matérialiste rationaliste au dieu universel par la persécution et le refus.

Les nombres palindromiques deviennent :
4 320 ans métaphoriques (-432 ans de messianisme)
4 320 ans de Krita entropique (-452 ans de persécution et de refus).

Soit, dans le cas du dieu solaire :

-15 420 / -11 532,
-11 532 / -11 100,
-11 100 / -10 668,
-10 668 / -6 780.

La période *formative* ne peut s'achever avant -10 668 et ne peut donc commencer avant -17 148 (6 480 ans). Mais elle peut s'achever plus tard et nous ne savons plus de quand dater son origine.

Indépendament de toutes les autres difficultés pour mener à bien un tel calcul, il demeure celle du « degré de liberté » inhérent au moindre calcul, et qui, dans une figure de 6 480 ans, peut atteindre 540 ans.

6. L'énigme du palindrome

Mon invention du rythme synthétique : 4,4 + 3,3 + 2,2 + 1,1 + 1, à mi-chemin des 4, 3, 2, 1 de l'ésotérisme classique et des 4 + 2 + 1 + 1/2 + 1/4 + 1/8 + 1/16… de l'ésotérisme rationaliste ou nucléaire n'a pas éliminé le degré de liberté. Il l'a seulement, dans le jeu, comme camouflé en quelque sorte.

Car le nouveau rythme joue dans les deux sens.

Si toute phase du palimpseste est également palindromique, et je n'en peux plus douter, cela signifie que la phase 4,4 peut être lue : 0,4 + 4 ou 4 + 0,4 et de même pour toutes les phases de la dégradation entropique ou de la formation *intra-mortem*.

Par exemple, si j'applique mon rythme à la Grande Année, je pourrai le lire :
1 + 1,1 + 2,2 + 3,3 + 4,4 ou 4,4 + 3,3 + 2,2 + 1,1 + 1.

Plus précisément :
1 080 ans + 108 ans + 1 080 ans + 216 ans + 2 160 ans + 324 ans + 3 240 ans + 432 ans + 4 320 ou l'inverse.

J'aurai reconstitué un nouveau palindrome autour de la période 324 + 3 240 ou 3 240 + 324, à cela près que :
1 080 + 108 + 1 080 + 216 + 2 160 n'égalent *pas* 432 + 4 320.

La différence est ici de 108 ans (et le degré de liberté de 216 ans).

Je devrai écrire :
432 + 4 320 (ou l'inverse) = 1 080 + 108 + 1 080 + 216 + 2 160 (+108).

Ce « degré de liberté » se retrouve en tout calcul qui se fonde sur la Grande Année. Par exemple, je pourrai considérer les 25 920 comme partagés dans le sens de la progression en :
2 160 (dans l'éparpillement) + 216 + 2 160 + 432. + 4 320 + 648 + 6 480 + 864 + 8 640

et, dans le sens de la dégression, en :
8 640 + 864 + 6 480 + 648 + 4 320 + 432 + 2 160 + 216 + 2 160.

Mais cette rouerie ne me précisera pas le palindrome central des 6 480 ans. Car :
1. 2 160 + 216 + 2 160 + 432 + 4 320 = 8 640 + 648
de sorte que le degré de liberté de 216 ans demeure pour équivaloir cette suite à 864 + 8 640,
2. je ne sais pas si je dois écrire : 648 + 6 480 ou l'inverse.

Je pourrai cependant « intégrer » le degré de liberté au palindrome central, de manière à écrire :
8 640 + 648 + 216 + **648 + 6 480** = **6 480 + 648** + 864 + 8 640.

Mais j'obtiendrai alors une Grande Année de 25 920 + **216 ans en trop.**

Quant au décompte : 8 640 + 648 + 648 + 6 680 = 6 480 + 648 + 864 + 8 640 − 216, il me donnerait une Grande Année avec 216 ans en moins, le « degré de liberté » étant alors de 432 ans.

Une nouvelle rouerie peut me faire écrire, dans le palindrome central.

6 480 + 648 (+216) ou l'inverse, c'est-à-dire :
216 + 432 + 6 048 + 432 + 216, puisque 6 048 + 432 et 432 + 6 048 égalent tous deux 6 480, et 216 + 432 ou 432 + 216 tous deux 648, et, en poursuivant le jeu :
216 + 432 + 864 + 1 728 + 432 + 1 728 + 864 + 432 + 216.

C'est retrouver, dans la seconde partie de la suite, le rythme au 1/2 de la désintégration de la radioactivité (et de l'ésotérisme le plus primaire) et, dans la première partie de la suite, le rythme inverse de « résurrection » au double, autour du « degré de liberté » 432.

Mais je n'y gagne ni d'éliminer le degré de liberté ni de connaître mieux, historiquement, le début et la fin de la période au 3ᵉ : 6 480. Je ne prends certainement pas le décompte au sérieux quand il m'arrive de le retrouver, par coïncidence, dans l'étude historique du palindrome central des trois derniers dieux.

Les vérifications

Pour vérifier mes précédents calculs (au 2ᵉ et au 4ᵉ) relatifs au palindrome central, je choisis tout naturellement les trois dieux dont l'évolution, soit légendaire soit historique, nous est la mieux connue : le dieu de Justice, le dieu d'Amour et Celui que nous nommons la Liberté, faute de connaître son nom futur (8 640 ans, 10 800 ans et 12 960 ans après le palindrome solaire).

Le 2ᵉ (8 640 ans + 432 ans de nuit) nous donne les dates : -6 780/+2 292 ;

Le 4ᵉ (5 184 ans), les dates : -2 892/2 292,
pour le palindrome central du Justicier (autour de -11 100/-8 640 ans = -2 460 pour point 0 du palindrome) et les deux autres palindromes par analogie :

	Le Justicier	l'Amour	la Liberté
	-6780	-4620	-2460

3888 ans (4320 – 432) : 3 x 1296 ans de formation métaphorique

| | -2892 | -732 | +1428 |

432 ans d'éveil métaphorique ou messianique

| | -2460 | -300 | 1860 |

432 ans de formulation réaliste

| | -2028 | +132 | 2292 |

3888 ans

| | +1860 | +4020 | … |

432 ans de nuit

| | 2292 | 4452 | … |

Puis, le rythme au 4ᵉ m'offre un décompte de 4 x 1296 ans, tel que je dois maintenant l'écrire :

| | -2892 | -752 | +1428 |

432 ans d'éveil + 432 ans de formulation

| | -2028 | +132 | 2292 |

432 ans : l'instauration de l'émergence nouvelle dans le monde

| | -1596 | 564 | … |

1296 ans de première dégénérescence (le rejet du dieu élémental au profit du dieu personnel) : du dieu de Feu ou du dieu d'Eau, ici, au profit du dieu de Vérité ou du dieu de Bien

| | -300 | 1860 | |

1296 ans d'éparpillement, à partir de la rationalisation du mythe jusqu'à sa trahison absolue : la conversion des brahmanes ou des juifs caraïtes aux dieux d'Amour, par exemple

| | +996 | | |

1296 ans de chaos, dont 432 ans de « nuit » rationaliste

| | -2292. | | |

Pour le détail des 1296 ans d'éparpillement et des 1296 ans de chaos, mes modèles ne me suffisent plus, puisque le dieu d'Amour vient à peine d'entrer dans son éparpillement. Je dois me référer à un dieu antérieur, le Créateur, que les Taureaux ont figuré jadis.

L'Histoire me donne :

	1. le Créateur	**2. le Justicier**
	-2460	-300

864 ans ou le Taureau est encore honoré en Égypte (Apis, Mnévis)

et même à Babylone (Mardouk), tandis que les *Veda* le citent sans cesse, avant comme après la destruction des cités tauriques (Harappa, Our, Ourouk, Memphis) ; où Iahveh est encore honoré en soi-même et le Bélier figuré, en Amon ou Agni, même après la destruction des cités de Justice (Jérusalem, Capharnaüm, Pergame, etc.).

L'ésotérisme des chaldéens (les *Énuma*) ou des juifs (Mishna, Talmud et Nouveaux Patriarches) a maintenu l'héritage, ainsi que les sectes secondaires (Amonites chaldéens ou Donatistes, Anciens de la Thora, etc.).

-1596	+564

432 ans de renoncement au dieu : la conversion du chaldéen Balaam en est un symbole évident, celle des Caraïtes juifs au dieu d'Amour ou des brahmanistes au Bouddha des preuves non douteuses.

-1164	+996

216 ans d'ultime sursaut (le retour au dieu « élémental » : le Taureau de la nouvelle Babylone (Nabuchonosor 1er et la Mère partout : Héra, Déméter, la Roche ou la Colonne) ; ou le Bélier de la renaissance juive et le dieu archer d'Halévy, le dieu de la (bonne) Volonté ailleurs

-948	+1212

Les 108 ans qui suivent concrétisent, brièvement, ce regain : par le culte du Créateur et même du Taureau (par Salomon et par les Reines, Sémiramis, Jézabel, Athalie, les prêtresses de Tanit) ou par la Kabbale juive

-840	+1320

Puis ce sont les 108 ans d'éparpillement manifeste, devant l'Éveil de « l'autre dieu » : le messianisme du Poisson ou de l'Esprit Libre

-732	+1428

Désormais ce ne sera plus que l'humaine nostalgie qui « ressuscitera » Mardouk à Babylone ou l'antique Iahveh à Safed, la nouvelle Palestine (Mardochée aussi, ou les « messies » juifs) jusqu'à la rationalisation du mythe et sa « petite mort » de 432 ans :

-300	1860
+132	2292

Des dates historiques manquent ici, essentielles, mais elles se retrouvent sans effort dans les décomptes précédents : 432 ans après -2460 et -300 nous retrouvons l'effondrement des villes saintes et l'exil qui sont au cœur des 864 ans : -2028 et +132. 216 ans après les dates -732 et 1428, nous retrouvons le creux de l'effondrement chaldéen ou juif que furent la fin de Babylone et de Mardouk (-516) et l'effondrement du « messianisme » juif (1644), etc.

Notre tableau concerne les dieux, non les hommes. Mais les destins de l'humanité y sont contenus, au *temps de réalisation* près, que jalonnent les « apogées », non les renouveaux, les « creux » plutôt que les effondrements. Ces « degrés de liberté » sont tout ce qui reste à l'homme : ils permettent le renouveau des chaldéens et des sectaires tauriques à Rome vers le moment où les derniers sectaires tauriques sont condamnés en Perse et dans les cités grecques (vers -500) ou l'arrivée des juifs et des hérétiques justiciers, juifs ou protestants, en Amérique du Nord (le *May Flower*) en 1628).

Or, quand je regarde mes tableaux d'un peu près, je m'aperçois qu'ils vérifient exactement le décompte rejeté d'abord comme absurde.

Pour les périodes historiques cohérentes et calculables, je trouve :
432 ans (-1164/1596 ou 996/564) et même 216 ans (-948/-1164 ou 1212/996), puis 864 ans, puis 1728 ans (-300/-2028), puis 432 ans (-2028/-2460), c'est-à-dire, en remontant le Temps, de 948 à -2460 : 216 + 432 + 864 + 1728.

Soit, pour le dieu de Justice : -948/-1164/-1596/-2460/-4188, et, pour le dieu d'Amour : …/+996/+564/-300/-2028.

Il suit que, dans la phase des 6480 ans, le palindrome du dieu s'est situé 2160 ans avant son Éveil effectif : le réveil du Bélier dès le temps de Kingu, le réveil du Poisson dès le temps d'Ounis-Osiris, le réveil du Libérateur dès le temps de *Dionysos Liber*.

La phase des 6480 ans + 648 (+ 216) ou (216 +) 648 + 6480 ans s'écrit :

	1	2	3
	pour le Justicier	le dieu d'Amour	le Liber
	-7860	-5700	-3540
216 ans,			
	-7644	-5484	-3324

432 ans : l'élaboration du mythe :

	?	La Barque	L'Arbre

864 ans : sa divinisation :

	Kingu	Oannès	Bacchus
	-6348	-4188	-2028

1728 ans de corruption syncrétique, par abolition de *l'élémental* : le combat contre Bêl (le Roi), Seth (le Savoir), les dieux du Bien (la Vierge, le Miroir, le Double). La *mort* de Kingu, d'Osiris, de Dionysos.

	-4620	-2460	-300

432 ans : le retournement et l'alliance *personnelle* : du Bélier avec le Savoir (le bélier de Toth), d'Osiris avec le Double, du Liber avec la Création :

	-4188	-2028	+132

1728 ans de renaissance métaphorique : du bélier de Toth au Bélier d'Or ; d'Osiris au Fils de la Vierge (Simios ou le Dauphin) ; de Dionysos au Prince quêteur

	-2460	-300	1860

864 ans d'éveil et de formulation réaliste

	-1596	+564	2724

432 ans d'éclat : d'Hammourabi au Temps des Juges ; le Temps des Saints, etc. Mais, déjà, le dieu futur : aryen ou musulman

	-1164	996	…

216 ans d'ultime regain – et de perversion mythique :

	Le recours au Images	à la Création	
	-948	1212	

Fin de la Présence de Dieu.

Depuis -7860, les 6480 ans de la Justice nous reportent à -1380 (Moïse) ; depuis -7644, à -1164. Depuis -5700, les 6480 ans de l'Amour nous reportent à +780 (Charlemagne) ; depuis -5484 à 996. Le cœur palindrome se situe 2160 ans avant l'Éveil du dieu, ce qui, littéralement, *annule* les 2160 ans : Jésus *est* Osiris ou le dieu de Liberté Dionysos.

La Grande Année

Je peux maintenant calculer, en la *datant* aux 5 degrés la Grande Année de n'importe quel dieu. En effet, si je choisis pour année 0 la ligne de partage entre les 12 960 ans de mort et 12 960 ans de vie, j'aurai :

a. au 1er   -12 960/0
                  0/+12 960,
b. au 2e   -12 960/-4 320
                  - 4 320/+4 320
                  + 4 320/+12 960,
c. au 3e   - 5 400/+ 1 080 : la phase formative
                  + 1 080/+ 7 560 : la 2e saison
                  + 7 560/+14 040 (ou 1 080 ans après la mort :
                  -11 880)
                  -11 880/-5 400 : la 4e saison,
d. au 4e   -432/+ 4 752 : la 1re phase de 5 184 ans,
                  4 752/+ 9 936 : la 2e phase
                  9 936/+15 120 (ou 2 160 ans après la mort :
                  -10 800)
                  -10 800/-5 616 : la 4e phase
                  -5 616/-432 : la 5e phase,
e. au 5e   -12 960/-8 640 : le 1er état,
                  -8 640/-4 320 : le 2e état,
                  -4 320/0 : le 3e état,
                  et l'inverse.

De ces différents nombres, les différentes étapes du *dieu mort* (de -12 960 à 0) peuvent être tirées :

-12 960/-11 880 : 1 080 ans, la fin de la 3e saison,

-11 880/-10 800 : 1 080 ans, du début de la 4e saison à la 4e phase,

-10 800/-8 640 : 2 160 ans, du début de la 4e phase au 2e état,

-8 640/-5 616 : 3 024 ans, la 4e phase dans le 2e état,

ou, avec l'écart de 216 ans :

-8 640/-5 400 : 3 240 ans, le 2e état dans la 4e saison,

-5 616/-432 : la 5e phase

ou -5 400/0 avec l'écart de 216 ans : la 1re saison,

ou -4 520/0 : la 1e moitié du palindrome central ou le 3e état.

Nous allons étudier ces rythmes dans l'*involution* de cinq dieux mort : la Vierge, le Souffle-mana, le Ténébreux, l'Archer et la Mère Première, puisque le dieu solaire vient *à peine* de mourir et que le Liber est *déjà* vivant.

[7. La mort des dieux : la Mère, l'Archer, le Verbe, le Souffle, la Vierge et le dieu solaire.]

L'assomption virginale

La Vierge est morte en -300, selon le 1er, le 2e et le 5e. Au 3e, on considérera qu'elle n'est morte qu'en 780 (jusqu'à cette date, les textes la nomment la Dormante). Au 4e, elle était morte dès -732 (la fin de la Vierge d'Israël, d'Isis, de Perséphone).

À ce 4e, elle est dans sa 1e phase jusqu'en 4 452 : -732/4 452 = 5 184.

Au 3e, elle est dans sa 4e saison, son *hiver*, jusqu'en 7260 : +780/6 480 ans.

Aux 1er, 2e et 5e, elle est dans sa 3e étape formative de 1 080 ans. La 2e étape a duré de 780 à 1 860 : commencée par les apparitions et les miracles du temps de Charlemagne, elle s'est achevée par les apparitions et les miracles de 1 844/1 916. L'Assomption a été décrétée en 1932. L'influence sensible de l'Émergence s'est exercée de -36 ans à + 72 ans autour de 1 860.

À la fin de la 1re étape de 1 080 ans, l'influence de Marie (Maya dans l'Inde, Kouen-yin en Chine) ne s'était guère exercée que de 762 à 816 (18 ans avant et 36 ans après 780).

Elle est nommée la Prévoyante ou la Préservatrice, guérisseuse des yeux et protectrice des marins vers 780 ; la Consolatrice des yeux (par le Bâb), la Providence en Occident vers 1 860. Ces noms retrouvent spontanément ceux de l'Isis aux grands yeux ou de Celle qui voit loin dans les *Veda*. L'Archer est ici et là derrière.

De la Balance à l'Égalité

Celui que les Anciens nommèrent le Souffle (El, Enlil, Élohim, Éole) ou le Mana (Niaou, Amon, Ouranos, Mem) est mort en -2 460 selon les 1ers, 2es et 5es. Au 3e, il n'est mort qu'en -1 380, à la mort de Moïse. Au 4°, il était mort dès – 2 892, vers la fin de son dernier adorateur, Manès ou le meurtre du Vent par

Adapa.

Aux trois autres degrés, le Mana a traversé sa 1re étape de -2 460 à -1 380 (1 080 ans): il prend dès lors le symbole de la Balance, que tient Maât, la Mère, dans le *Livre des morts*, bien que les patriarches hébreux et les brahmanes védiques l'honorent encore comme la Voix.

La 2e étape de la Balance a duré de -1 380 à +780. Le dieu est la Voix (à Delphes et à Clairos comme pour les Tchéou chinois). Mais la période 734/780/852 le voit honoré comme le dieu du Jeu (Amitabba) et dans les textes islamiques de «Science de la Balance».

Sa 3e étape (2 160 ans) le voit se transformer en dieu de l'Égalité redevenant le Souffle universel. La constante: 1 080 donne ici les dates: 780/1 860 et 1 860/2 940. Et les rythmes de la «période d'influence» donnent les nombres: 72 ans avant 1860, 144 ans après, soit: de 1788 à 2004.

De Bès à l'Inconscient

Celui que les Anciens nommaient soit l'*Apsu* soit Enki, puis Bès ou Basis d'une part, Vulcain ou le Ka ténébreux de l'autre, mais que les Égyptiens nommaient Min et les kabbalistes Mi (la Ténèbre d'avant l'Émanation) a connu sa 1re étape de -4 620 à -3 540: Enki et Min triomphent encore, *dans* le Créateur.

Sa 2e étape s'est située entre -3 540 et -2 460: Enki et Min ne sont plus que des nostalgies. Mais le «dieu de l'inconscient» inspire les experts sumériens, le forgeron, le poète. Réfugié dans l'Acacia, dit la légende, Ka-bès se fait les frères jumeaux et désormais ennemis Abel et Caïn.

Sa 3e étape a duré 2 160 ans, de -2 460 à -300. Toute l'histoire de Bès s'y développe, par Bythis et Bythos, le futur dieu de la basilique (Basis), ainsi que, différemment, par le gnome ténébreux et créateur (Vulcain) ou le passeur ténébreux (Caron). Les Grecs l'honorent comme Kadès-Hadès ou Pluton.

Sa 4e étape doit durer 3 024 ans ou 3 240 ans, soit: de -300 à 2724, ou de -300 à 2 940.

Le dieu est actuellement dans sa 4e saison depuis -3 540, et toujours inspirateur de l'expert (la Lumière Intérieure), dans sa

3e phase depuis -2460 et toujours le dieu de l'Ombre, gardien de l'Or au fond du fleuve, mais dans son 2e état depuis -300. Selon la constante des 1080 ans, son dernier éclat d'influence couvre 432 ans (depuis 1860 -144 = 1716 jusqu'à 1860 + 288 ans = 2148), par les inventions du magnétisme et de l'inconscient.

À partir de 2148 jusqu'à 2724 ou 2940 il sera l'un des composants majeurs de la Liberté, comme Éros ou «Celui qui m'envoie» le fut dans le Christ, ou le dieu de Gloire dans le Bouddha de Charité.

De l'Archer au Grand Architecte

Ses deux premières étapes (2160 ans) se sont situées de -6780 à -4620 ; sa 3e étape, de -4620 à -2460.

Sa 4e étape a couvert, soit 3024 ans, de -2460 à 564 (la fin des dieux païens), soit 3240 ans, de -2460 à 780 (l'avènement du dieu de Gloire). Les 1080 ans révèlent le passage de l'Arc-en-ciel à l'Arche -2460/-1380, puis de l'Arche à l'Éros (-1380/-300).

[8. le détail de l'Éveil du dieu pour le Poisson et pour le Libre Esprit.]

La notion de degré

Sans doute un tel tableau, si détaillé soit-il, ne révèle pas *toutes* les dates significatives de l'Histoire de Iahvé ou du christianisme, du pressentiment libertaire. Et, particulièrement aucune de celles que révélait notre premier Tableau général, telles que -1020 (les Rois), -876 (les hérésies des reines) ou +204 (les Nouveaux Patriarches) dans l'Histoire hébraïque et juive. C'est que le décompte palindromique se situe sur un autre palier ou à un autre degré que le décompte du *Krita*, par exemple.

On sait que je nomme 1er degré les calculs qui se fondent sur la dialectique première (vie et mort du dieu). Le nombre de combinaisons possibles est alors 2 et la durée de chacune 25920/2 ou 6 x 2160 ans ;

2e, les calculs qui se fondent sur les trois émergences trinitaires, telles que le Ka, l'Akh et le Ba ou, plus tard, le Père, le Fils et l'Esprit. Le nombre des combinaisons est alors 6 et la durée de chacune

25 920 / 6 ou 2 x 2 160 ;

3ᵉ, les calculs qui se fondent sur les quatre émergences élémentales ou sur les quatre saisons. Le nombre des combinaisons est alors 24 et la durée de chacune 25 920 ans / 24 ou 2 160 / 2 ;

4ᵉ, les calculs qui se fondent sur les cinq émergences du Pentacle (ou les cinq composants du dieu). Le nombre des combinaisons est alors 120 et la durée de chacune 25 920 / 120 ou 2 160 / 10 ;

5ᵉ, les calculs qui se fondent sur les six émergences vivantes, des *sedarim* ou de l'Étoile de David. Le nombre des combinaisons est alors 720 et la durée de chacune 25 920 / 720 ou 2 160 / 60.

Nous avons déjà vu que le « degré de liberté » s'amenuise à mesure que les phases se réduisent, puisque il demeure inférieur au 1 / 12 de la durée : à 1 080 ans au 1ᵉʳ, 360 ans au 2ᵉ, 90 ans au 3ᵉ, 36 ans au 4ᵉ, 3 ans au 5ᵉ.

Le 1ᵉʳ ne fait apparaître que les phases de l'entropie ou de la résurrection : Krita, Trêta, Dvapara, Kâli, éparpillement, ou l'inverse, dans le rythme : 4,4 – 3,3 – 2,2 – 1,1 – 1 ou inverse, peu différent des 4, 3, 2, 1 de l'ésotérisme classique et assimilable, en chaque phase (sauf l'éparpillement), au rythme continu de la parabole asymétrique 7 / 4 ou l'inverse.

Le 2ᵉ révèle les trois phases de 8 640 ans : néguentropie post-mortem, renversement mort-vie, entropie, qui se dédouble d'elles-mêmes en six phases de 4 320 ans : trois dans le mort, trois dans la vie.

En ce sens, nos tableaux généraux appartiennent, l'un au 1ᵉʳ, l'autre au 2ᵉ.

Au 3ᵉ, nous n'étudierions plus les 12 960 ans de la vie du dieu ou les 8 640 ans de son palindrome central, mais seulement le 1 / 4 de la Grande Année ou 6 480 ans. Le rythme symétrique est alors admissible :

1 (dans l'éparpillement) + 1 + 2 + 4 + 8 (4 + 2 + 1 + 1) + 2 + 8 (1 + 1 + 2 + 4) + 4 + 2 + 1 + 1 (dans l'éparpillement). C'est, rappelons-le, le rythme « rationnel » de la désintégration de la particule radioactive.

Si différents qu'ils soient, ces trois premiers degrés font apparaître, tous trois, le même renversement central : ces suites sont palindromiques. On ne peut concevoir qu'il n'en aille pas de même dans les deux autres degrés.

Le 4e nous offre pour étude le 1/5 de la Grande Année : 5 184 ans, qui nous semble d'abord un nombre nouveau. Mais 5 184 n'est que 4 x 1 296.

4 x 1 296 + 3 x 1 296 + 2 x 1 296 + 1 296 = 12 960 ans.

Nous retrouvons le rythme 4, 3, 2, 1 de l'ésotérisme classique *en même temps* que les 10 sephiroth ou 10 *couronnes* ou *têtes* de l'*Apocalypse* (nombrées 1 260 ans chacune).

Le nombre des combinaisons possibles est alors 120 et la durée de chacune d'elles 25 920 / 120 ou 2 160 / 10 = 216 ans.

Si j'applique le nouveau rythme à la *vie* du dieu, par exemple depuis -3 756 (l'origine que les juifs donnent à leur dieu), j'obtiendrai une première suite de 5 184 ans = 4 x 1 296 ans ; c'est-à-dire à très peu près le calcul de Daniel (qui se fondait sur 1 290 ans) :

     -3 756 ; 1 296 ans de messianisme

     -2 460 ; 1 296 ans de réalisation et de « royaume »

     -1 164 ; 1 296 ans de la fin des Juges à la *diaspora*

     +132 ; 1 296 d'exil et de corruption

     +1 428

et aucune de ces dates ne recouvre les tableaux précédents. Mais le partage en tranches de 216 ans, selon le jeu des combinaisons, juxtapose la nouvelle grille aux grilles différentes :

     -3 756

     -3 540

     -3 324

     -3 108

     -2 892

     -2 676

     -2 460, etc.

et le nouveau rythme se trouve être palindromique, par exemple autour de -3 108 dans la phase de 1 296 ans : -3 756 / -2 460.

Enfin, le 5e nous offre pour étude le 1/6 de la Grande Année : 4 320 ans, qui ne nous est pas inconnu. Le nombre des combinaisons possibles est alors 720 et la durée de chacune d'elles 25 920 / 720 ou 36 ans.

Ce nombre nous permet le décompte des 216 ans précédents en 6 phases, également palindromiques (3 x 36 + 3 x 36), etc.

[9. l'application de ces rythmes à la situation mythique en notre époque.]

La notion de « palindromes multiples »

Elle ne nous est pas nouvelle puisque elle est contenue dans la *loi* : tout palimpseste peut emprunter une forme palindromique. Mais autre chose est de poser la théorie ou l'axiome, autre chose d'en vérifier l'application ou le corollaire.

L'application en est ici que, quelle que soit la *durée* choisie (25 920, 12 960 ans, 8 640 ans, 4 320 ans, 3 240 ans, 1 080 ans, 216 ans, 36 ans, etc.) je pourrai l'étudier aux cinq degrés, par le partage dialectique, La Trinité, le partage saisonnier, le pentacle et même le Nombre de la Bête.

Nous allons le vérifier maintenant par l'étude de quelques phases de dégradation ou d'entropie au 1er et au 2e (mais peut-être de renaissance aux 3e, 4e ou 5e) des trois émergences vivantes dont l'évolution nous importe le plus : de kratophanie ou de savoir, de similitude ou de fraternité, de germination ou de création, puis par l'étude des deux émergences mortes que l'ésotérisme nous révèle comme les alliées de la Liberté : l'Égalité-Balance et le Verbe Intérieur.

Une sixième émergence nous concerne directement : le dieu solaire. Mais depuis sa *grande mort* en 1860 (le Meiji japonais, la destruction des dieux de l'Ile de Pâques, la prophétie de Comte, le « crépuscule des rois », la guerre de Sécession, l'avènement des sectes communistes et de la Science, etc.), l'évolution du dieu solaire épouse celle du Libre Esprit : l'une n'est pas différente de l'autre.

Inversé, le tableau de l'agonie du dieu, sur 90 ans, nous donne les nombres : 1+8, 2+16, 3+24, 4+32, et les dates :

1861 / 1869

1871 / 1887

1890 / 1914

1918-1950.

Ces dates ne sont pas infirmées par l'Histoire. Elles circonscrivent exactement les tentatives croissantes de l'humanité pour imposer un nouveau mythe de Hiérarchie : les messianismes de la fin du siècle dernier (le « fils de roi », le prince…), l'Ordre bourgeois de la Belle Époque, les mouvements fascistes, nazis et stalinien de l'Entre deux-guerres, ainsi que leurs échecs absolus en 1870/71, 1887/90, la première guerre mondiale (de Jaurès à Lénine).

Mais le rythme nous laisse démuni en présence de la phase suivante :

9 ans de 1950 à 1959

81 ans de 1959 à 2040.

Si d'autres rythmes, au 2ᵉ, 3ᵉ, 4ᵉ et 5ᵉ nous permettaient de préciser dans le détail les dates importantes de notre avenir immédiat, ils se présenteraient encore sous les figures grossières de La Trinité palindromique (autour de 1980-2010), des quatre « saisons » ou du pentacle. Soit, dans la synthèse de ces rythmes :

de 1950 à 1980 : 30 ans de progression,

dont 22/23 ans de « première saison », de 1950 à 1972-1973

et 9 ans de chaos, de 1950 à 1959 ;

Mais, d'une part, les événements de cette période nous sont trop « présents » ou trop « chauds » pour que nous les considérions dans l'objectivité ; d'autre part, il s'agit d'un dieu *mort*, inversé par rapport au dieu *vivant*. De sorte que l'éparpillement est peut-être ici rassemblement et la progression dégression, etc.

Il me faut considérer le problème de plus *loin* si j'espère l'éclaircir.

Le Trêta du Créateur

Il est aussi l'un de nos problèmes présents : nous y vivons mais il doit recouvrir plus de trois millénaires et certains des événements qui l'éclairent sont déjà loin dans le passé : les « morts » du Taureau Brun, du Baal, du Minotaure, puis le renouveau du démiurge créateur, l'innovation de Civa, l'Hégire, la Renaissance. Surtout, la constante des 2160 ans nous donne l'assurance que le Trêta du Créateur renouvelle seulement, sur le plan quantitatif, le Trêta des Gémeaux, de 2160 ans antérieur. Si bien qu'historiquement et mythiquement, les rythmes peuvent y être vérifiés.

Au 1ᵉʳ, le tableau général de la *vie* du dieu nous donne : 432 ans de « petite mort », entre -300 et +132, plus 3240 ans de Trêta de 132 à 3372.

Au 2e, le rythme asymétrique reproduit aux 3/4, sur ces 3 240 ans, le rythme étudié dans le tableau du Krita; et le rythme symétrique, au 1/2, le palindrome central des 6 480 ans.

Au 3e apparaissent les quatre «saisons» de la période, dont le rythme modifie nécessairement les rythmes précédents. Mais, si ces modifications n'étaient pas, aussi, un éclaircissement, on devrait en déduire que tout le système est faux et la loi qui le régit simplement illusoire.

Le rythme au 4e partage les 3 240 ans du Trêta en 5 phases de 648 ans; le rythme au 5e, en 6 phases de 540 ans ou 120 phases de 27 ans.

Nous devons donc faire apparaître:

Au 1er, les événements qui concernent la dialectique de l'émergence, sa progression ou sa dégression autour d'une apogée difficile à dater, puisque la parabole qui la détermine n'est pas symétrique mais peut épouser deux courbes inverses:
depuis 132, sortie de la «petite mort» du Taureau,
soit 270 ans + 27 ans + 270 ans + 54 ans + 540 ans: 1 293
81 ans + 810 ans palindromiques: 1 293/1 374/2 184
108 ans + 1 080 ans: 3 372,
soit 1 080 ans + 108 ans: 1 320
810 ans + 81 ans palindromiques: 1 320/2 130/2 211
540 ans + 54 ans + 270 ans + 27 ans + 270 ans: 3 372.

Le degré de liberté est ici de 27 ans (1 293/1 320 ou 2 184/2 211).

Au 2e, ces événements mythiques ou divins se présentent sous leur aspect trinitaire, que l'homme peut mieux saisir. Depuis 132:
-1 080 ans (de 132 à 1 212) où le Créateur émerge lentement de sa conception bouddhique ou chrétienne (le démiurge ou le Verbe Créateur);
-1 080 ans de palindrome (1 212/2 292) qui se présentent, symétriquement, comme une *décroissance* du divin à l'humain, par l'alchimie, spirituelle puis opérative, la Renaissance, le Classicisme, jusqu'au *creux* de 1752 (l'*Encyclopédie*, le Méthodisme, le recours aux mythes de Justice ou de l'Observation, etc.);
puis comme une *croissance* de l'humain à l'inexprimable (de Rousseau à Beckett), de l'inexprimable au divin demain, dans le rythme:
1 212/1 484/1 752: l'avènement de la Renaissance, puis son déclin,
1 752/2 022/2 292: la renaissance de la Création (romantisme,

symbolisme, surréalisme) et son apogée ;
-1 080 ans de dégénérescence presque continue, de 2292 à 3374.

Le 3e précise ces trois phases par les quatre « saisons » du Trêta, de 810 ans chacune :

> de 132 à 942 : l'hiver,
> de 942 à 1752 : le printemps,
> de 1753 à 2562 : l'été,
> de 2562 à 3372 : l'automne.

Le 4e affine ces calendriers par un rythme étonnant et que j'ai longtemps utilisé sans le comprendre (il se fonde sur 162 ans, le 1/4 de 648 ans, alors que les 648 ans ne devraient pouvoir être divisés que par 5 ou 24) :

> 243 ans d'éveil de 132 à 375,
> 648 ans de progression de 375 à 1023,
> 648 ans de dégression de 1023 à 1671,
> 162 ans de palindrome central, de 1671 à 1833,
> 648 ans de progression de 1833 à 2481,
> 648 ans de dégression de 2481 à 3129,
> 243 ans d'éparpillement de 3129 à 3372.

Comme toujours, ces rythmes des 4 premiers degrés apparaissent si différents qu'on ne leur trouve d'abord aucun sens. C'est alors qu'une fois encore, l'idée rationaliste triomphe que le Temps n'est pas dénombrable et que la volonté du chercheur – ou le hasard – détermine seule – ou seul – les divers dénombrements. Mais elle serait bien folle, la volonté qui ne conduirait qu'à ce chaos ! Quant au hasard…

Voyons de plus près.

Si j'utilise tous les nombres obtenus par des voies diverses, la synthèse me donne :

> de 132 à 402 : 270 ans
> de 402 à 429 : 27 ans
> de 429 à 699 : 270 ans
> de 699 à 753 : 54 ans
> de 753 à 942 : 189 ans
> de 942 à 1212 : 270 ans   = 540 ans
> de 1212 à 1293 : 81 ans
> de 1293 à 1320 : 27 ans
> de 1320 à 1374 : 54 ans   = 81 ans

de 1374 à 1752 : 378 ans   = 270 ans + 108 ans
de 1752 à 1860 : 108 ans
de 1860 à 2130 : 270 ans   = 378 ans
de 2130 à 2184 : 54 ans
de 2184 à 2211 : 27 ans
de 2211 à 2292 : 81 ans
de 2292 à 2562 : 270 ans
de 2562 à 2751 : 189 ans
de 2751 à 2805 : 54 ans
de 2805 à 3075 : 270 ans
de 3075 à 3102 : 27 ans
de 3102 à 3372 : 270 ans,

ou, plus courtement : 270 ans de rassemblement + 972 ans de progression :

270 de rassemblement de 132 à 402,

27 ans d'absence de 402 à 427 (historiquement : le regain des Deux Jean ou de leurs prêtres, les diacres, de la magie, du simulacre, etc.)

270 ans de 1er éclat, de 427 à 699 : le Taureau des Francs, le monophysisme, le Créateur du Coran,

54 ans d'absence, de 699 à 753 : l'Ismaélisme, l'échec de l'Islam conquérant, l'abolition des Taureaux Naudin, Içavara et premier Civa, etc.

540 ans de 2e éclat, de 753 à 1293 : le 2e schisme de l'Islam, qui ramène au Créateur, le « Veni Creator », la 1e alchimie, arabe, et l'éclat même des royaumes arabes, les papes créateurs (Gerbert), etc. Les cathédrales et le gothique au premier chef, la création des langues nouvelles aussi).

81 ans d'absence, de 1293 à 1374, en présence des fléaux d'une part, de l'éparpillement des croyances de l'autre.

Le palindrome

270 ans d'éclat, de 1374 à 1644 : toutes les créations, artistiques et « scientifiques » de la Renaissance, jusqu'au désarroi des *seekers* ou « chercheurs » après l'exil de l'Élie Artiste ou des messagers de la Rose-Croix,

108 ans d'effritement, par les plagiats classiques et le supplice des « chercheurs » ou des derniers « libertins », de 1644 à 1752, et 108

ans de renaissance encore incohérente, par les « romantiques » mais aussi les prophètes : Nerval, Von Kleist, Hölderlin, Novalis, Baudelaire, etc., de 1752 à 1860,
270 ans de retour à l'éclat, de 1860 à 2130, dont les premières phases (symbolisme, surréalisme, cubisme, abstrait, sériel, etc.) nous sont seulement connus).
972 ans de dégénérescence, dans le rythme inverse de la formation, de 2130 à 3102, plus 270 ans d'éparpillement, de 3102 à 3372.

Le 4e précise ce calendrier synthétique par l'adjonction des dates :

    375, à 27 ans de 402,
    1023, à 81 ans de 942 (3 x 27 ans),
    1671, à 81 ans de 1752,
    1833, à 27 ans de 1860,
    etc.

On sait que 27 ans est à la fois le « degré de liberté » du Trêta et la plus petite constante calculable dans le cycle (par le 5e). Entre autres applications, cette durée permet de détailler :

1

Le palindrome central du Trêta, de 1644 à 1860
1644 ; 27 ans de rassemblement,
1671 ; 27 ans,
1698 (le Nouvel Âge, selon Jurieu, les Camisards et les piétistes) ; 54 ans, dont 27 ans d'éparpillement, de 1725 à 1752,
1752 ; 54 ans, dont 27 ans de rassemblement, de 1752 à 1777,
1806 (la « fin de l'Histoire », selon Hegel) ; 27 ans,
1833 ; 27 ans d'éparpillement,
1860.

2

En notre époque, la progression
1860 ; 27 ans de rassemblement,
1887 : 27 ans,
1914 ; 54 ans,
1968 ; 54 ans palindromiques autour de 1995 (le *creux*),
2022 ; 54 ans,
2076 ; 27 ans,
2105 ; 27 ans d'éparpillement,
2130,

etc. Sans fin, car il n'est pas de cycle vécu, à n'importe quel degré, qui ne constitue un palindrome. Ceux qui ont vécu les 54 ans de 1914 à 1968, ainsi, savent bien, charnellement, par leurs peines et leurs joies, que le rythme trinitaire et le rythme saisonnier s'y retrouvèrent :

soit 3 x 18 ans : 1914 – 1932 – 1950 – 1968,

soit 4 x 13/14 ans : 1914 – 1927/28 – 1941 – 1954/55 – 1968,

les phases de déclin (1927-1932) ou de renouveau (1950-1955) ne pouvant être niées par nul artiste, chercheur ou écrivain, puisque la progression créative (surréalisme, cubisme, abstrait, sériel) avait précédé le déclin : de 1914 à 1927 et que la dégression a suivi le renouveau : de 1955 à 1968. Au creux du palindrome : la période 1938-1944, et la *date* : 1941.

Mais, en ces mêmes périodes, d'autres émergences triomphaient : le fascisme (la Hiérarchie), la Science (la Kratophanie) ou la fraternité socialiste (le Semblable).

Le Dvapara gémellique

Sans renouveler tous les calculs afférents aux cinq degrés du «dvapara» gémellique, on peut se contenter d'en donner la synthèse. Pour la partie à venir, elle est contenue d'ailleurs, quantitativement, dans le dvapara du dieu kratophanique, de 2 160 ans antérieur.

Le Semblable	**Le Savoir**
1536	-624

180 ans de rassemblement et d'attente du mythe

L'Observation	Le Noüs
1716	-444

la formulation : les sectes spéculatives ou la réforme d'Esdras, puis l'éclipse de 18 ans

En Occident et en Orient	Les XII lois
1734	-426

180 ans d'éveil rationaliste :

de l'Encyclopédie à la République ; des Éléates aux « cités-empire »

| 1914 | -246 |

36 ans d'éclipse : les guerres hellénistiques ou européennes

| 1950 | -210 |

360 ans — le 1er hermétisme — 2310 +150

54 ans d'éclipse : le mythe se fond dans le dieu nouveau :

le Christ ou le Bouddha

2364 — 205

Le palindrome de 504 ans. Dans le détail :

180 ans de déclin :

384

72 ans de regain :

la Sophia monastique

456

72 ans de réalisation

et d'entropie : les Justin

528

180 ans de renaissance

2868 — 708

54 ans d'éclipse : le dieu nouveau dévore le mythe en son dvapara puis 828 ans de dégression sur le modèle :

762

360 ans : le nouvel Hermès

1122

36 ans d'éclipse

1158

180 ans : la scolastique

1338

18 ans d'éclipse

1356

180 ans d'éparpillement

2696 — 1536

Pour la phase qui nous intéresse le plus directement, de 1950 à 2310, les mêmes calculs et la même synthèse nous donnent, au 1/9 des rythmes du Dvapara :

20 ans de rassemblement + 2 ans d'éclipse entre 1950 à 1972,

20 ans + 4 d'éclipse de 1972 à 1996,

40 ans + 6 d'éclipse de 1996 à 2042,

etc.,

chaque phase de 20 ans ou de 40 ans pouvant être précisée de nouveau dans le détail pour révéler les rythmes du gaullisme ou du gauchisme, du giscardisme ou de l'éveil humanitaire, par exemple.

Le Kâli kratophanique
Au demi des rythmes du Dvapara et à l'exemple de l'antique Kâli solaire, les nombres donnent ici :

1. La Science	**2. La Hiérarchie**
Depuis 1752	Depuis -408

90 ans de rassemblement

1842	-318

9 ans d'éclipse devant le Semblable ou devant le Savoir hermétique

1851	-309

90 ans de 1er éclat et d'illusion :
la science « d'observation » ou la déception des Celtes à Delphes

1941	-219

18 ans d'incohérence : la volonté de maintenir les anciens dogmes :

1959	-201

180 ans de 2e éclat :	Le « roi sauveur » ;
la science des structures,	les dieux nouveaux :
vraiment kratophanique ;	Mandoulis, Krishna,
la nouvelle Sophia demain	Michel, Maitre de justice, etc
2139	-21

27 ans d'éclipse : l'absence de Zeus / Jupiter dans le panthéon d'Auguste

2166	+6

puis, le palindrome central et la dégénérescence sur l'exemple :

d'Auguste au « Sol Invictus »

2418	+258

27 ans de corruption jusqu'à l'*ère des Martyrs*

	+285

180 ans : la survie de Rome

	465

18 ans d'éclipse : les reines et les impératrices

	483

90 ans de dernier éclat : les Justin, les rois francs (Clovis etc.)

9 ans d'éclipse

90 ans d'éparpillement: les rois mérovingiens ou indiens

	573	
	582	
2 832	672	

Pour le détail de la période actuelle, depuis l'institution gaullienne des «sages» et l'invention du structuralisme (1959), et sur 180 ans, au 1/6 du Kâli:

15 ans de rassemblement de 1959 à 1974,

1 ou 2 ans d'éclipse, de 1974 à 1976 (la campagne anti-pollution),

15 ans de 1975 à 1989-1990,

3 ans d'éclipse de 1989 à 1992, ou 1993,

30 ans de 1992 à 2022,

4 ou 5 ans d'éclipse, puis le palindrome central, etc.

Etc. Sans fin. Puisque, d'une heure à l'autre, le Savoir me passionne ou ne m'intéresse plus.

Ces palindromes multiples donnent à sourire quand ils s'inscrivent dans une formule quelconque, depuis la constante de Planck jusqu'aux 1260 ans de l'Apocalypse ou des 1270 ans de Daniel (qui sont plutôt 1296 ans); mais ils sont l'angoisse même lorsqu'on les vit. Dans les plus hauts degrés, comme nous l'avons vu, ils interdisent tout calcul (au-delà de la Grande Année). En raison de cette impuissance, je ne voulais même pas traiter du «degré de liberté» – ou de la constante – dans le cadre des 12960 ans (la *vie* ou la *mort* du dieu), mais il se trouve que la *queue du Serpent* ou la dernière «couronne», au-delà du Kâli, m'y contraint en effet.

La queue du Serpent

La fin du Kâli kratophanique doit se dater de 2832 (1752 + 1080 ans) selon les 1ers et 2es, et sa «petite mort» durer 108 ans, de 2832 à 2940; de 2670 (1732 + 918 ans) selon le 3e et son éparpillement durer 162 ans, de 2670 à 2832; de 2724 (1428 + 1296 ans) selon le 4e.

De la même façon, 2160 ans plus tôt, la fin du Kâli solaire a été l'objet de cent controverses entre 510 (la fin de Jupiter-Zeus), 564 (la fin de la Hiérarchie justinienne) et 672 (le premier schisme islamique ou le roi «fait néant»). Certains islamiques reculeront même l'*occultation solaire* jusqu'en 872.

Mais, de 672 à 1860, tous les peuples de la terre n'ont cessé d'espérer le renouveau du dieu, la « guérison » ou la « résurrection » du Roi. Depuis la légende du fils de Dagobert jusqu'à l'Enfant du Temple, Louis XVII, que de souverains « ressuscités » : Frédéric-Barberousse, Frédéric II, le Tsar fou, Alexandre III encore !

De même, la Vierge avait achevé son Kâli en -1488, mais, au VIe siècle avant J.-C. encore, des « songes » ou des « visions » annonçaient le renouveau d'Isis ; et, du XVe au IVe siècle avant J.-C., vingt traditions avaient porté le témoignage de renouveaux – trop fugitifs – de Cybèle ou de Perséphone, de la Vierge d'Israël, d'Ishtar, de Simia ou de Maïa.

Il s'ensuit que, de 2940 à 4020, pendant les 1 080 ans de l'éparpillement du dieu kratophanique, le Savoir ou le Serpent, sa mort prochaine sera pleurée en même temps que sa nouvelle « mue » proclamée par d'innombrables prophètes ; ou que, sur 1 296 ans, depuis 2724, tous les 216 ans un culte renouvelé sera rendu au Nash.

Tel est le millénaire où l'auteur de l'*Apocalypse*, Nostredame et d'autres prophètes chrétiens ne disent pas le Serpent mort mais « enchaîné dans les enfers », à l'exemple de Perséphone ou du « roi lépreux », sinon aux exemples plus anciens du Souffle disparu, Illum, du Génie des Ténèbres, Enki ou Vulcain, de l'Archer changé en Loup, de la Walkrie enfermée, pour les mille ans aussi, dans « le cercle de feu » de Wotan, ou du Libérateur enfermé dans un Arbre.

Car ce sont la Terre et la Vierge qui interdisent le renouveau du Liber ; l'Archer et le Souverain, le renouveau de la Mère ; le Camé ou le Serpent Seth le renouveau de l'Ahpu lanceur ou d'Anzeti-Horus ; le Souffle ou les Gémeaux le renouveau d'Enki ou du Camé ; la Vierge et le Créateur le renouveau du Souffle ; le Souverain et le Justicier le renouveau de la Vierge ; le Savoir et l'Amour le renouveau du Souverain, etc.

« Légendes ! » dit-on. Comme toutes les traditions sacrées, celles-ci sont strictement mathématiques ; elles essaient seulement d'enseigner aux hommes, par des fables agréables ou dramatiques, une science ou une révélation, une inspiration ou un art que l'humanité refuse avec obstination depuis des millénaires.

La Grande Année de l'Émanation

Pour mieux comprendre, d'une part la rigueur des légendes et, de l'autre, l'incertitude des croyances touchant la mort des dieux, considérons la Grande Année comme placée sous le signe d'une seule émergence : celle qu'on a nommée Il, Illum, El, Enlil, Élohim ou Éole dans l'élément d'Air, ou Niaou, Mana, Manu, Amon, Ouranos, Mânes, en tant que Première Personne, et symbolisée successivement par le Souffle, la Voix ou la Cloche, l'Éléphant ou le Cheval, la Balance ou l'Égalité (pour quoi la racine d'Équité est Équus, le cheval).

Suivant le Tableau général de la *vie* du dieu, non encore contredit jusqu'à présent, cette émergence est *morte* en -2 460 (2 160 ans avant la Vierge et 4 320 ans avant le dieu solaire).

Au 1ᵉʳ, sa vie a duré 12 960 ans (Manéthon dit : 13 240 et les textes médiques 12 000 ans seulement) et sa mort durera le même temps pour constituer la Grande Année du dieu, de -15 420 à + 10 500.

Au 2ᵉ, le partage trinitaire donne 3 x 8 640 ans autour d'un palindrome central (-19 740 / -11 100) assez longuement étudié.

Au 3ᵉ, le partage « saisonnier » divise dialectiquement la vie et la mort du dieu et ces trois premiers degrés font apparaître un rythme de synthèse tel que :

1	2	3
-15 420	-420	-15 420
12 960 ans de vie	4 320 ans	6 480 ans
	-111 00	-89 40
	8 640 ans	6 480 ans
-2 460	-2 460	-2 460
12 960 ans de mort	8 640 ans	6 480 ans
	+ 61 80	+ 40 20
	4 320 ans	6 480 ans
10 500	10 500	10 500

Le rythme des Krita, Trêta, Dvapara et Kâli tel que nous le transmettent les anciens textes védiques et le double rythme que j'en ai déduit (1 -1,1 -2,2 -3,3 -4,4 ou l'inverse) rendent compte assez clairement de la *vie* et l'on peut croire que la *mort* obéit aux mêmes rythmes, seulement inversés.

Le 4e change tout.

Comparons les deux tableaux :

1	2
selon les trois premiers degrés	le 4e
-15 420	-15 420
4 320 ans de Krita	5 184 ans
-11 100	
432 ans de sommeil	
-10 668	-10 236
3 240 ans de Trêta	5 184 ans
-7 428	
(-8 940 au cœur du palindrome)	
et 324 ans de sommeil	
-7 104	-5 052
2 160 ans de Dvapara	5 184 ans
-4 944	
216 ans de sommeil	
-4 728	
1 080 ans de Kâli	
-3 648	
108 ans de sommeil	
-3 540	
1 080 ans d'éparpillement	
-2 460	+132

Pour retrouver la date : -10 668, je serais obligé de débuter le décompte au 4° de -15 852 (5 184 ans = 4 x 1 296 avant -10 668) ;

pour retrouver la date : -7 104, de débuter le décompte au 4e de -16 176 (-7 104 ans + 7 x 1 296) ;

pour retrouver la date : -4 728, de débuter le décompte de -16 392 (-4 728 + 9 x 1 296 ans) ;

pour retrouver la date : -3 540, de débuter le décompte de -16 500 (-3 540 + 10 x 1 296 ans).

C'est-à-dire que l'Éveil du dieu se serait produit en -16 500, 1 080 ans avant sa naissance (le temps même de l'éparpillement) et que son *rassemblement* aurait suivi les phases :

108 ans de -16 500 à -16 392,

216 ans de -16 392 à -16 176,

324 ans de -16 176 à -15 852,

432 ans de -15 852 à -15 480.

Symétriquement, l'éparpillement qui a précédé la mort du Mana, sur 1 080 ans, a pu être, en même temps, une étape 0 de sa renaissance *post-mortem* :

432 ans de -3 540 à -3 108,
324 ans de -3 108 à -2 784,
216 ans de -2 784 à -2 568,
108 ans de -2 568 à -2 460.

La mort du dieu aurait bien duré 12 960 ans, mais de -16 500 à -3 540, avec un écart de 1 080 ans sur tous nos tableaux précédents (les 1 296 ans – le degré de liberté de 216 ans, que nous retrouvons, inévitable, à la fin de nos calculs comme à leur début).

Cette confusion obligatoire des 1 080 ans d'éparpillement du dieu vivant (la queue ou la dernière couronne) avec le pressentiment de son rassemblement métaphorique nous explique clairement le « messianisme » de la Vierge morte entre -1 380 et -300 ou celui du « roi disparu » entre 780 et 1860, dans le rythme, précisément :

432 ans de 780 à 1212 : le « roi malade » du Graal,

324 ans de 1212 à 1536 : les « princes » de la Renaissance,

216 ans de 1536 à 1752 : le « droit divin » etc.,

108 ans de 1752 à 1860 : l'agonie et l'éveil du « fils de Roi ».

Ou, 2 160 ans plus tôt :

432 ans de -1 380 à -948 : les Vierges mortes (Ariane, Iphigénie),

324 ans de -948 à -624 : Coré, la Vierge d'Israël, Perséphone,

216 ans de -624 à -408 : les mystères d'Éleusis, Simia, Tanit, Dana,

108 ans de -408 à -300 : la fin et l'éveil de la nouvelle Vierge : Maïa, Maya, Myriam, comme mère du Sauveur.

L'exemple du Mana et de la Vierge nous montre qu'à partir de la date de « mort » l'occultation de la divinité morte suit le rythme exactement inverse :

1. le Mana	**2. la Vierge**
108 ans de -2 460 à -2 352	ou de -300 à -192
le nouveau culte d'Amon	le culte de Cybèle
216 ans de -2 352 à -2 136	de -192 à +24
Élohim ou Amon-bélier	Marie mère du Christ
324 ans de -2 136 à -1 812	de 24 à 348
des patriarches à Babylone : Enlil	des apôtres à Byzance

432 ans de -1812 à -1380   de 348 à 780
Moïse: Charlemagne:
la Voix et l'Arche   la Vierge-Mère de Dieu-Verbe

Il apparaît dès lors que la phase à laquelle je m'étais arrêté (-5052/+152 pour le Mana) peut être considéré comme un palindrome autour de la date de la *mort* du dieu, dans le rythme:

```
-5052
    216 ans                         1080 ans
-4836
    756 ans                         1296 ans
-4080
    540 ans
-3540            432 ans + 324 ans + 216 ans + 108 ans
-2460
-1380            108 ans + 216 ans + 324 ans + 432 ans
    540 ans
-840                                 1296 ans
    756 ans
-84                                  1080 ans
    216 ans
+ 132
```

Bien qu'en même temps, la phase palindromique puisse être considérée comme non différente des autres phases de 5184 ans (1296 ans x 4):

```
-5052
1296 ans
-3756
1296 ans
-2460
1296 ans
-1164
1296 ans
+132
```

Mais la synthèse entre nos différents tableaux d'une part, le degré de liberté de 216 ans de l'autre – et surtout les dates mêmes que nous impose l'Histoire – offrent pour la même phase un 3e décompte tel que les deux phases de 1620 ans (540 + 1080 ou

1 080 + 540) doivent être prises, globalement comme une étape 0 de la corruption finale du dieu et de son renouveau *post-mortem*. Soit : de -4 080 à 840 pour le Mana.

L'étape 1 de la renaissance néguentropique se trouve inscrite alors entre les dates : -840 et +456 (1 296 ans),
l'étape 2 entre 456 et 1752,
l'étape 3 entre 1 752 et 2958, etc.

L'étape 1 de la Vierge commence en 1 320 (1 620 ans après le rythme précédemment décrit : 108 ans, 216 ans, 324 ans, 432 ans, 540 ans). Elle doit se prolonger jusqu'en 2 616 (1 296 ans) après l'éclat trop manifeste de 1 868 (plus ou moins 36 ans) : les Apparitions, de la Salette à Fatima par Lourdes. De 1844 à 1917, en réalité, au lieu de 1 832 / 1 904, dans un degré de liberté de 12 ans.

La divine respiration

L'exemple de la Vierge et celui du Souffle-Égalité nous révèlent qu'après chaque phase de 1 296 ans, le changement de cycle s'accompagne d'un *éclat* de 216 ans (plus ou moins 108 ans) et que le creux du palindrome central se présente à l'homme comme un sommet, une apogée, un cœur de 72 ans (plus ou moins 36 ans).

Il m'a fallu longtemps pour admettre l'évidence, tant historique que numérique, car le partage des vies des dieux en Krita, Trêta, Dvapara, Kâli, donnait d'autres dates et la tentation demeurait, forte, d'inverser seulement le même rythme pour décompter la mort d'un dieu.

Mais, pour faire court, ce partage-ci n'est pas *tellement* différent de ce partage-là.

Pour le dieu de l'Égalité, le décompte au 4ᵉ donne les dates :

-840

-192

+456

+1 104

+1 752

… et le décompte aux trois autres degrés : dans le Kali de 1 080 ans (depuis -1 272) :

• une « petite mort » devenue « petit éveil » de 36 ans : -912 / -876,

• de 27 ans : -606/-579,
• de 18 ans : -399/-381,
• de 9 ans : -291/-282,

suivis par un éparpillement (une « dispensation » chez les morts) de 90 ans : -282/-192, et par un « petit réveil » de 216 ans : -192/+24 dans le Dvapara de 2 160 ans (depuis + 24) :

• un éclat de 72 ans : de 744 à 816,
• de 54 ans : de 1356 à 1410,
• de 36 ans, de 1770 à 1806,
• de 18 ans, de 1986 à 2004,

…

La synthèse des deux calculs fait apparaître les suites :

1. -912/-840, 72 ans,
   -606/-579, 27 ans,
   -399/-381, 18 ans,
   -291/+24, 315 ans ou -291/+132 (fin du rythme au 4e), 423 ans,
   +436 (plus ou moins 9), 18 ans,
   744/816, 72 ans,

palindromique sur 1 728 ans (1 296 ans + 452 ans), de -912 à +816 ;

2. 1 104 (plus ou moins ?),

1 356/1 410, 54 ans, ou 1 356/1 428 (fin du rythme au 4e), 72 ans,

1 752/1 806, 54 ans,

1 986/2 400 (1 752 + 648), 414 ans, ou 1 986/2 184, la fin de la dispensation de 180 ans), plus 2 184/2 508 (la fin de la « petite mort » de 324 ans qui achève le Dvapara), 522 ans, palindromique depuis 816, etc.

Les degrés de liberté et la diversité des cycles ne permettent pas une plus grande précision ni pour l'évolution-involution de la Voix-Balance entre -912 et 816, ni pour le dieu de l'Égalité depuis 816 jusqu'à 2 400 ou 2 508 (degré de liberté : 108 ans).

Si cette imprécision déroute, qu'on relise les Pères de l'Église ou les exégètes bouddhistes entre 240 et 348 en ce qui concerne l'incertitude gnostique touchant le Ténébreux (le 3e Hermès, Bès, Bythis ou Bitos).

Nous savons trop bien désormais que, quel que soit le système choisi, il laissera apparaître un degré de liberté proportionnel à la phase étudiée. Pourtant, en cette imprécision, l'angoisse renait, comme prévu, de l'insuffisance du Calcul (du Nombre, de la

Volonté) en notre époque comme de l'impuissance de la Grande Mère il y a 2160 ans. Mais il se peut que l'imprécision n'ait pas l'importance qu'on lui donne.

Sans reproduire des calculs qui remplissent des pages, je dirai que les «influences» des dieux morts, chacun étudié dans le 4e en même temps que dans tous les autres, s'y rendent dominantes en des dates peu nombreuses au long de l'Histoire connue (sur l'exemple du Mana),

1. pour le Ténébreux

+24/+348: la «petite mort» (éveil pour les morts) de 324 ans pour 1428/1536,

étape 3: des -408 à 888 (± 216) de Bythis au Basilique, au cœur +240 (la substance),

étape 4: de 888 à 2184 (± 216) de la Basilique à l'Inconscient, au cœur 1536 (la lumière intérieure);

2. pour l'Archer

étape 4: de -1272 à +24, de l'Arche à l'Envoyeur, au cœur: -624 (l'Arc d'Ézéchiel,

étape 5: de 24 à 1320 de l'Envoyeur au dieu de Gloire, au cœur: 672,

étape 6: de 1320 à 2616 du dieu de Gloire au cœur: 1968,

et 270 ans de dispensation + 432 ans d'éveil de 1158 à 1860;

pour la Mère:

étape 6: de -840 à 456, de Déméter à la Mère de Dieu, au cœur: -192,

étape 7: de 456 à 1752, de la Mère de Dieu aux «mères», au cœur: 1104,

étape 8: de 1752 à 3048, etc.

Je n'ai peut-être entrepris cette besogne sans fin que pour définir un jour, dans son détail extrême, la Grande Année de mon dieu, l'*Esprit de liberté*. Je le peux aujourd'hui, et retrouver dans la précision le rythme de ses éveils messianiques depuis 4320 ans, l'Arbre et Bacchus, les sept Dionysos de *Oannès*, dont le liber, Siegfried, le 1er graal (le Sang – Réal) et le 2° (le Saint Gréal), le libre Esprit, le Vase et la Coupe (ou la soucoupe) volante, mais c'est devenu sans utilité. Le rythme des 216 ans suffit à délimiter son parcours: pour ne traiter que ses derniers renouveaux (degrés) la précipitation de Dionysos hors de la barque virginale :

+132/+348 la naissance, mère par les prêtres de l'Église entre autres, mais le *Saint-Esprit*

348/564 l'ombre : les légendes celtiques, la mort en Bali en Orient, 780 la lumière : de Mahomet au « Prophète voilé »,

996/1212 l'ombre, la création (le pape Gerbert, la 1re alchimie, et sa négation par le bouddhisme et le christianisme,

1212/1428 la lumière : les premières sectes fraternelles,

1428/1644 l'ombre, le prince, le verbe, la création et la défaite des Rose-Croix, des Libertins, des luthériens,

1644/1860 la lumière et le dieu trilogique (Liberté, Égalité, Fraternité),

1860/2076 l'ombre, la création et son refus – palindromique en 1968.

Selon un autre décompte, l'ombre puis la lumière atteignent leur apogée au cœur du palindrome interne à chaque phase (3x36 = 108 ans dans le 5e) : en 240, 456, 672, 888, 1104, 1320, 1536, 1752, 1968…

C'est alors de 240 à 348 que s'affirme la croissance de l'ombre : le Christ contre le Liber,

> de 348 à 456, la croissance de la lumière,
> de 456 à 564, la croissance de l'ombre,
> de 564 à 672, la croissance de la lumière,
> de 672 à 780, la croissance de l'ombre,
> de 780 à 888, la croissance de la lumière,
> de 888 à 996, la croissance de l'ombre,
> de 996 à 1104, la croissance de la lumière,
> de 1104 à 1212, la croissance de l'ombre,
> de 1212 à 1320, la croissance de la lumière,
> de 1320 à 1428, la croissance de l'ombre,
> de 1428 à 1536, la croissance de la lumière,
> de 1536 à 1644, la croissance de l'ombre,
> de 1644 à 1752, la croissance de la lumière,
> de 1752 à 1860, la croissance de l'ombre,
> de 1860 à 1968, la croissance de la lumière,
> de 1968 à 2076, la croissance de l'ombre.

Or, c'est à ce nouveau que s'ordonnent les syncrétismes pour le Liber : 1. l'alliance avec les structures des termes (la Mère et la

Vierge, à Éleusis) ; 2. dans les structures de Feu (l'Archer et le Soleil) dans les premières quêtes ; 3. avec le gnome et l'Amour (Siegfried) ; 4. avec les structures d'Air, enfin, depuis 1644, etc.

Les syncrétismes

De nombreux structuralistes, et parmi les plus grands, admettent le jeu calendérique des mythes, qu'ils nomment les *structures*, car ils doivent constater qu'en des époques précises – les mêmes pour l'humanité tout entière – les mêmes dieux sont honorés. Mais, comme Saussure, ils croient que, dans l'évolution des mythes, une certaine liberté prévaut, de sorte que tel mythe pourrait, à tout moment, s'allier ou s'associer à n'importe quelle structure différente. C'est aujourd'hui leur plus étrange erreur.

L'étude de deux divinités « absentes » : la Mère-Fée et l'Archer suffit à le démontrer clairement. Anciennement ennemis au Temps des dieux Gémeaux, sous les noms de Grand-Mère et de l'Ahpu lanceur ou de la Vieille et d'Anzeti, puis au Temps du Taureau, sous les noms de Maenkina ou d'Hathor d'une part, du Loup et d'Horus de l'autre, ils ont dû s'associer dans l'ère du Justicier, de Feu comme l'Archer, mais de la 1er Personne comme la Mère. C'est alors qu'à l'ancienne Delphes, la *Colonne* a porté tout à la fois la Mère et l'Apollon-archer (vers -300 -648 = -948). Puis le dieu de l'Arche et les Reines se sont opposés de nouveau (vers -732) : contre la Vierge et l'Archer de nouveau unis (Athéna-Pallas, la Vierge d'Israi ou l'Abeille), Hera-Junon a exercé toute sa fureur.

Dans le palimpseste, l'une et l'autre émergence ont suivi le cours des ères : les Gémeaux, le Taureau, le Bélier…, mais, dans le palindrome, ils ne cessent de passer de la Personne à l'Élément, ou bien l'inverse.

Plus tard, la Mère a retrouvé l'alliance de la Vierge, à Éleusis (-516) et laissé le Centaure dépossédé. Mais Arès-Éros n'avait plus besoin de l'alliance de la Mère, il avait celle du dieu nouveau, de Jonas et d'Arion, de Tobie, de Gautama ou du Simios syrien : le Poisson. C'est alors dans le complexe syncrétisme avec les dieux de l'Eau (par l'ancienne sirène-colombe, puis la sirène-poisson) que l'Ange de Daniel, de Matthieu, puis de Jean domine de -516 à +132, en même temps que le nouvel Éros recherche encore l'alliance de la Vierge et des deux Jean (dans le Bien). Dieu de gloire à partir de Charlemagne plus ou moins (780), l'Archer paraît, en sa personne, en tête de toutes les processions du IXe siècle. Arraché au Poisson, dès 1104 (le dieu de feu), puis en 1536 (Loyola, Farnèse) puis en 1752 (le Grand Architecte), mais dans son palindrome depuis 1860, sous le double nom de « planificateur », en tant que dieu du Nombre (et de Feu), et de « progrès » en tant que dieu du Bien. Accessoirement : le Drapeau, en tant que dieu des combats. Allié de la Vierge depuis -300 (996 -1296) comme Éros ou le nouvel Horus ; de la Mère de Dieu, Anne ou Marie-Anne depuis 1428 (Jeanne d'Arc, etc.).

En effet, l'ancienne Ghéa, Héra ou Rhéa, puis Démeter puis Grande Mère est entrée en -300 dans son palindrome central ; elle est dans son non-Krita depuis 1428 et joue depuis lors un jeu complexe d'alliance avec le dieu de Gloire, le Verbe Intérieur (les piétistes et les « mères »), le dieu d'Égalité, la Vierge – et même le Souverain, en notre époque.

Elle sera demain la Savante ; puis la Magicienne, la Fée… dans le rythme du 4e :

1428 + 216 ans : 1644 : Boehme annonce les « mères » depuis 1620, mais les piétistes et les premières « mères » sectaires, de Mme Guyon à Jeanne, Southcott, Miki, Mary Eddy, Mme Blavatsky ne triompheront que de 1680 à 1860 (pendant 216 ans).

1860 + 216 ans = 2076. Nous sommes dans cette phase, ou la Mère s'allie à l'Égalité plutôt qu'au Verbe.

Les phases précédentes nous enseignent que l'invincible influence du dieu ne s'exerce que dans les 36 ans qui précèdent et suivent sa mutation, comme de 1392 à 1464, ou de 1508 à 1680, de Leed à Guyon, ou de 1824 à 1896, les prophétesses du XIXe siècle. Ce ne sera donc pas avant 2040 que les nouvelles Mères, virginales et providentielles, imposeront leur influence à l'évolution de l'humanité. Mais chaque jour qui passe nous rapproche de ces préservatrices écologues. Depuis 1968 (1860 + 108 ans) la Mère capricieuse a dépassé le point de son néant. Elle ne laissera rien passer de ses chances : son futur Éveil est à ce prix.

Les chances de la Liberté

Dans son Éveil depuis 1860, l'Esprit de Liberté se présente à nous, aujourd'hui, dans sa nature élémentale, allié aux deux autres entités d'Air : la Fraternité et l'Égalité, mais cette dernière lui est disputée par le Caprice et par la Justice, ses adversaires millénaires, qui plus encore le seront demain. La Fraternité lui est disputée par les dieux d'Amour : Jésus et le Bouddha de Charité.

Je crois que la Liberté vaincrait aisément ces ennemis, si Elle ne se trouvait elle-même partagée entre ses deux natures : socialiste et faustienne. Mais sa nature faustienne est aujourd'hui presque détruite : la Création, palindromique, est sur la pente de sa dégression, le Souverain, mort, est au creux de son éparpillement *post-mortem* ; seul le Verbe renait, en sa 6ᵉ phase, depuis 1860, mais le rationalisme n'y voit que l'Inconscient et les religions d'Amour ne s'en dessaisissent point : il en sera ainsi jusqu'en 2076. C'est donc, en 1975, sur cette défaite de la Création, sur ces lambeaux de Hiérarchie et sur cette déformation du Verbe que les nouveaux Daniel et Malachie doivent se fonder, quelques Yippies aussi, plus « évolués » que les autres. Car, entre le marxisme et les nostalgies du charisme, entre l'écologie et le caprice, les autres ésotéristes et politiques ont bien de la peine à se retrouver. Jamais la Liberté ne sera aussi exigente et autant menacée. Jamais, pour s'y soumettre, il ne sera nécessaire à ce point de faire fi des nombres (l'Archer), de la convenance personnelle (le caprice), de la préservation, de la science et de la justice.

Ces cinq ôtés, restent les sept.

Ce sont les sept « chérubins » de l'Islamisme, les Sept qui s'ajoutent aux Douze dans les Lettres Vivantes du Baal, les sept vallées de Ramakrishna, etc. outre la Liberté (elle-même dédoublée) :

> **1.** l'Émanation
> **2.** la Hiérarchie
> **3.** le Semblable
> **4.** la Création
> **5.** le Verbe

Ces Sept ne sont donc que *six* (en y incluant la Liberté) ; ou *cinq*, en ne tenant compte que des composants) ; ou *quatre*, puisque elle contient les 4 jeux ou les 4 éléments : l'Air par l'Émanation et le Semblable, la Terre par la Création, l'Eau par le Verbe, le Feu par le Roi dans le Prince ; ou *trois*, puisque elle *contiendra* les 3 Personnes : la 1er par le Souverain, la 2e par le Semblable, la 3e par la Hiérarchie, le Verbe et la Création ; ou *deux*, puisque elle *devra* contenir le Mâle ou la Lumière ou le Sec et la Chaleur par l'Émanation, la Hiérarchie, le Semblable ou la Femelle, l'Ombre, l'Humide, le Froid par la Création et le Verbe.

Comment serait-il, ce dieu, sans englober tout ce qui existe ?

Mais qu'est-Il ? Ni le raisonnement, ni le nombre ne peuvent nous l'enseigner. Ici, les paroles mêmes se taisent. Dans l'attente du balbutiement.

LA VISION

I

1. David a vu Dieu comme une roche, Habacuc comme un arc, Ézéchiel comme un œil qui serait une roue qui serait un trône,

2. et je L'ai vu aussi comme la roche, l'arc et la roue insensée.

3. Mais d'autres ont vu le poisson, l'oiseau aux ailes d'écailles, l'échelle, le tapis volant, l'épha, les quatre chars, les quatre cavaliers,

4. Lautréamont un homme qui était une pierre et qui était un arbre,

5. Dante les sphères superbes et Kafka le château.

6. Comme l'espérance, d'abord j'ai cru qu'Il était vert, puis je L'ai vu rouge comme le sang,

7. puis vermillon, comme le vin : j'ai fait mienne la Dive Bouteille.

II

1. Sous quel aspect ne L'a-t-on pas considéré, Celui qui est tout ce qui n'est pas pour être ?

2. Tandis que j'implorais pour qu'une vision fût mienne, les spires me sont apparues,

3. cinq, six, sept, douze vrillons reliés les uns aux autres et tournant dans le sens des aiguilles d'une montre, pour monstrueusement foncer dans le sens inverse,

4. l'ensemble de l'appareil étant une vrille aussi.

5. En cette vis sans fin j'ai reconnu mon maître, car sa fonction contenait sa forme :

6. forer le vide où je meurs et nais.

7. Je L'ai nommé alors le vermet, le vilebrequin.

III

8. Mais, de ces faussages, de ces forages jaillit sans trêve la liqueur qui donne au prudent la témérité ;

9. où s'en égoutte l'eau amère qui assoiffe à nouveau le désaltéré.

10. Ainsi m'a ployé mon insignifiance :

11. j'ai compris comment tout était la vanité,

12. y compris la satisfaction de comprendre que tout est vain.

1. Car demeure l'éternité de Celui qui régénère l'univers par le trou

2. pour qu'en source un autre univers,

3. le même au regard de Celui qui produit le même effort dans un autre dessein,

4. pour que le même breuvage satisfasse également l'amateur de piquette et le dégustateur,

5. selon ce qu'ils auront vu, désiré ou ressenti
6. en leur insignifiance.
7. DIEU EST UN TIRE-BOUCHON.

Le 1er décembre 1974

Maquette Claude Chauvry
Imprimer par Kdp 2021

Les Éditions de l'Œil du Sphinx
36-42 rue de la Villette – 75019 Paris
Tél : 09 75 32 33 55 – Fax : 01 42 01 05 38
Email : ods@oeildusphinx.com
Web : www.oeildusphinx.com

Association Les Portes de Thélème
Chez M.-C. Narceau, 14 place du Forum, 87000 Limoges.
Tél : 05 55 32 23 31 – 06 81 15 81 99
Email : lesportesdetheleme@gmail.com